Internationale Kompetenz

Der Weg zu erfolgreichen
Berufslaufbahnen im In- und Ausland

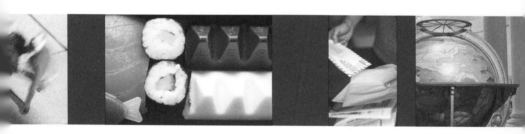

Frank Wittmann
unter Mitarbeit von Marianne Bauer und Katharina Kloser

SDBB Verlag

1. Auflage 2012
© 2012 SDBB, Bern. Alle Rechte vorbehalten.

Herausgeberin
Schweizerisches Dienstleistungszentrum Berufsbildung |
Berufs-, Studien- und Laufbahnberatung SDBB, Bern

Ressort Internationales der Zürcher Hochschule für Angewandte Wissenschaften /
International Network of Universities of Applied Sciences

Konzept
Heinz Staufer, Barbara Kunz, SDBB; Frank Wittmann, ZHAW

Projektleitung
Heinz Staufer, SDBB

Texte
Frank Wittmann, Marianne Bauer, Katharina Kloser

Lektorat
Heinz Staufer, Peter Kraft, SDBB

Fotos
Conradin Frei, Zürich

Gestaltung
Julie Ting & Andreas Rufer, ja DESIGN, Bern

Produktion
Roland Müller, SDBB

Druck
Geiger AG, Bern

Vertrieb / Kundendienst
SDBB Vertrieb
Industriestrasse 1, 3052 Zollikofen
Tel. 0848 999 001, Fax +41 (0)31 320 29 38
vertrieb@sdbb.ch, www.shop.sdbb.ch

ISBN: 978-3-03753-081-8
Artikel-Nummer: LI1-3152

Verlag
SDBB Verlag, verlag@sdbb.ch, www.sdbb.ch

Inhaltsverzeichnis

1. Einleitung

Erasmusplatz

Ein Blick in den Stellenanzeiger veranschaulicht, weshalb internationale Kompetenz immer wichtiger wird. Viele Funktionsbezeichnungen sind auf Englisch geschrieben, manche Inserate gar ganz in Englisch abgefasst. Einige Inserate beziehen sich auf Jobs im Ausland, andere auf die Mitarbeit bei internationalen Projekten, oder sie sind auf den internationalen Export ausgerichtet. In einigen Anzeigen sind Anforderungen wie Auslanderfahrung, Fremdsprachenkenntnisse oder interkulturelle Kooperationsfähigkeit ausdrücklich genannt. Kein Wunder, mögen wir uns sagen, schliesslich zieht die Schweiz wie kein anderes Land internationale Grosskonzerne an und hat eine hochgradig international vernetzte Wirtschaft.

Einfache Antworten auf brennende Fragen

Die Arbeitgeber sind auf international einsatzfähige Fach- und Führungskräfte angewiesen, um im internationalen Wettbewerb zu bestehen. Dafür braucht es neben ausgewiesenem Fachwissen immer mehr auch internationale Kompetenz. Was aber macht international kompetente Menschen genau aus? Können wir internationale Kompetenz überhaupt erlernen, und wenn ja, wie? Unser Buch hat das Ziel, Ihnen Antworten auf diese brennenden Fragen zu geben und diese mit lebendigen Erfahrungen aus der Praxis zu veranschaulichen.

Wer die Wahl hat, hat die Qual

Dieses alte Sprichwort trifft heute auch auf Sie, die Studierenden von Universitäten und Fachhochschulen, zu. Die sich stetig verändernden Arbeitsmärkte bieten grosse Chancen für spannende Berufslaufbahnen. Es stehen Ihnen verschiedene Optionen offen: Sie können sich selbstständig machen oder eine Anstellung in der Privatwirtschaft oder im Non-Profit-Sektor suchen; im Inland oder im Ausland arbeiten; in der Linie oder projektorientiert; in einer lokal oder international geprägten Organisationskultur.

Diese Liste könnte endlos fortgesetzt werden. Die Vielzahl der Optionen hat aber auch eine Kehrseite: Sie zwingt uns bereits frühzeitig, uns Gedanken über unsere berufliche Zukunft zu machen und strategische Entscheidungen zu treffen, wie wir unsere Laufbahnziele erreichen und mit welchen Kompetenzen wir uns profilieren möchten. Denn der Wettbewerb um attraktive Arbeitsplätze ist in den letzten Jahren zweifellos härter geworden. Die Internationalisierung der Arbeitswelten ist ein Treiber für die erhöhten Anforderungen. Fremdsprachenkenntnisse, Auslanderfahrung und interkulturelle Kooperationsfähigkeit werden auf den Arbeitsmärkten nicht mehr als Vorteil, sondern als selbstverständliche Voraussetzung für viele Berufslaufbahnen gesehen. Einheimische

Stellensuchende sehen sich vermehrter Konkurrenz aus dem Ausland ausgesetzt. Die Unternehmen und Organisationen sind auf die Personenfreizügigkeit angewiesen, um ihren Bedarf an hochqualifizierten Arbeitskräften zu stillen. Sie schätzen die Option, ausländische Arbeitskräfte zu rekrutieren, die mobil sind und über internationale Erfahrungen verfügen.

Unabhängig davon, ob Sie Ihre Chancen im Ausland wahrnehmen oder auf dem heimischen Arbeitsmarkt im Inland eine Stelle finden möchten: Internationale Kompetenz wird in Zukunft noch mehr als heute zu den Anforderungen an die nächste Generation von Hochschulabsolvierenden gehören. Dieses Buch weist Ihnen den Weg, wie Sie sich darauf vorbereiten können.

Internationale Erfahrung ≠ internationale Kompetenz

Viele junge Menschen verfügen über internationale Erfahrungen, wie dies vor wenigen Jahrzehnten noch undenkbar gewesen wäre. Viele Studierende haben Wurzeln im Ausland, haben bereits im Ausland gelebt oder sind täglich mit Menschen aus anderen Kulturen in Kontakt.

Ist es daher überhaupt noch notwendig, auf das Thema internationale Kompetenz eigens einzugehen? Unsere Antwort ist ein klares «Ja». Denn gerade die Allgegenwärtigkeit von Internationalität und multikulturell geprägten Identitäten schafft heute neue Herausforderungen. Zudem schlagen sich internationale Erfahrungen nicht automatisch in entsprechender Kompetenz nieder. Wir beobachten vermehrt, dass sich Menschen mit internationalen Biografien für interkulturell kompetent halten, sich aber nicht auf eine vertiefte Reflexion ihrer Erfahrungen und Handlungen einlassen. Wir möchten mit diesem Buch aufzeigen, dass der erfolgreiche Umgang mit Menschen aus anderen Kulturen über das Verstehen des Gegenübers hinausgeht. Empathie beinhaltet auch, sich selbst, das eigene Handeln und den Handlungskontext zu verstehen.

Mehr als nur Soft Skills

Damit sind wir bei der Frage, was internationale Kompetenz überhaupt ist. Wenn man die Fäden aus den vorangegangenen Abschnitten zusammenführt, ergibt sich, dass sie nicht nur den Bereich der Persönlichkeits-, Sozial- und Methodenkompetenzen betrifft. Über diese sogenannten Soft Skills hinaus beinhaltet internationale Kompetenz nämlich auch Fachkompetenzen. In der internationalisierten Arbeitswelt ist es heute in zunehmendem Mass nötig, berufliches Fachwissen in unterschiedlichen Situationen anwenden und an unterschiedliche Kontexte anpassen zu können.

Inhaltlicher Überblick

Der Ratgeber nimmt seinen Ausgangspunkt bei einigen Trends der internationalisierten Arbeitsmärkte und leitet davon neue Anforderungen an die Employability (die Beschäftigungsfähigkeit von Berufseinsteigenden und Arbeitskräften) ab (→ Kapitel 2).

Anschliessend bietet unser Buch einen praktischen Zugang dazu, was internationale Kompetenz ist. Wir gehen dabei die wichtigsten Komponenten einzeln durch (→ Kapitel 3).

Im Mittelpunkt des Ratgebers steht, wie Sie das Studium dazu nutzen können, Auslanderfahrung zu sammeln und internationale Kompetenz so weiterzuentwickeln, dass sie das von Ihnen anvisierte Berufslaufbahnziel unterstützt – unabhängig vom gewählten Fachbereich. Denn ein Hochschulstudium bietet trotz mancherorts stark strukturierter Curricula, Mobilitätshindernissen und hoher Prüfungsrhythmen eine einmalige Chance, international relevantes Wissen zu sammeln, Fremdsprachenkenntnisse zu vertiefen, neue Länder und Kulturen kennenzulernen und sich international zu vernetzen (→ Kapitel 4).

Damit ist ein zentraler Punkt angesprochen: In allen Kapiteln werden wir auf die Bedeutung einer kritischen Reflexion internationaler Erlebnisse und Kompetenzen eingehen. Unsere Erfahrung zeigt, dass ein erfolgreicher Umgang mit Menschen aus anderen Ländern und Kulturen lernbar ist. Wichtig ist dabei auch die Fähigkeit, internationale Kompetenzin der Laufbahnplanung und in Bewerbungsprozessen so zu verkaufen und zu kommunizieren, dass sie Ihnen beim Einstieg ins Berufsleben nützen (→ Kapitel 5).

Trotz unserem Enthusiasmus für ein Leben in internationalen Zusammenhängen möchten wir auch auf die Herausforderungen und Kehrseiten von beruflichen Auslandeinsätzen eingehen. Denn bei allen Chancen gibt es keine Veranlassung, sich dem Thema blauäugig zu nähern (→ Kapitel 6).

Ein kurzer Ausblick (→ Kapitel 7) und der Anhang (→ Kapitel 8) schliessen das Buch ab.

So nutzen Sie das Buch

Dieses Buch richtet sich an Studierende und Hochschulabsolvierende. Denn die internationale Kompetenz, über die wir hier sprechen, wird in ihrem ganzen Umfang in keinem Studiengang und in keiner Weiterbildung umfassend gelehrt. Besonders wichtig ist uns die Praxisnähe, weshalb jedes Kapitel durch ein Interview mit einer internationalen Fachperson abgeschlossen wird. Diese Fachleute bringen ihre persönlichen Erfahrungen und Sichtweisen aus unterschiedlichen Berufsfeldern ein und bereichern und ergänzen so den Haupttext. Der Text wird ausserdem durch Empfehlungen, Tipps, Exkurse, Good-Practice-Beispiele und einige Stelleninserate aufgelockert.

Dank

Die Autor/innen möchten all denen ganz herzlich danken, die sich für ein Interview zur Verfügung gestellt haben. Dank geht auch an Doris Aebi Zindel und Christiane Hohenstein für ihre kritische Lektüre und ihr wertvolles Feedback. Conradin Frei hat das Fotokonzept mit dem ihm eigenen Engagement erstellt und umgesetzt. Dank gilt auch Barbara Kunz, Heinz Staufer und Roland Müller vom SDBB Verlag für die vertrauensvolle und motivierende Zusammenarbeit. Schliesslich sei auch Constant Könz dankend erwähnt. Sein Haus in Zuoz (Engadin) diente zwischenzeitlich als inspirierendes Refugium für die Schreibarbeit.

Kontakt

Das SDBB gibt dieses Buch in Zusammenarbeit mit dem Ressort Internationales der Zürcher Hochschule für Angewandte Wissenschaften (ZHAW) heraus. Die Autor/innen kennen sich aus dem Internationalen Netzwerk von Hochschulen für Angewandte Wissenschaften (INUAS). Wenn Sie den Autor/innen Anregungen oder ein Feedback zukommen lassen möchten, schreiben Sie bitte eine E-Mail an: international@zhaw.ch.

2. Internationalisierung

Trends der Arbeitsmärkte

Frank Wittmann

Bevor wir uns schwerpunktmässig mit internationaler Kompetenz beschäftigen und aufzeigen, wie wir sie für erfolgreiche Berufslaufbahnen im In- und Ausland nutzen, möchten wir die Gründe für die Nachfrage nach internationaler Kompetenz verstehen. Dies führt uns zur Internationalisierung der Arbeits- und Wirtschaftsmärkte. Dort haben in den letzten beiden Jahrzehnten bedeutende Veränderungen stattgefunden. Sie beinhalten gleichzeitig grosse Chancen und Herausforderungen für zukünftige Fach- und Führungspersonen.

Zunehmende internationale Verflechtung der Wirtschaft

Nehmen wir die Schweiz als Beispiel: Die Internationalisierung der Schweizer Wirtschaft lässt sich zum einen daran festmachen, dass immer mehr internationale Unternehmen in die Schweiz ziehen. Die hohe Standortattraktivität geht nicht nur auf vorteilhafte fiskalpolitische Rahmenbedingungen zurück, sondern auch auf hervorragende Humanressourcen und Infrastrukturen. Zum anderen ist die Schweizer Wirtschaft selbst hochgradig international vernetzt. Viele Unternehmen wenden Formen der internationalen Arbeitsteilung an. Sie sind beispielsweise dazu übergegangen, Teile von Produktion, Beschaffung und Entwicklung auszulagern, Support- und Distributionsnetze im Ausland aufzubauen und ausländische Firmen zu übernehmen. Ziel der internationalen Verflechtung sind vornehmlich Kostenvorteile durch günstigere Produktionsfaktoren und der Zugang zu neuen Absatzmärkten. Die globalen Arbeitsteilungs- und Wertschöpfungsprozesse betreffen die Industrie mit ihrer Produktion und den Handel von Gütern, jedoch zunehmend auch den Dienstleistungsbereich.

Exkurs

Die bekannten multinationalen Unternehmen sind ein zentraler Treiber der Globalisierung. Sie haben einen nicht zu unterschätzenden Einfluss auf Gesellschaft, Politik, Umwelt, Technologie und Kultur. Die wirtschaftliche Bedeutung von Global Player wie IBM, Coca Cola und LVMH wird jedoch häufig überschätzt. Denn wirtschaftlich bedeutsamer sind Grossunternehmen, die nicht hauptsächlich weltweit, sondern regional tätig sind.

Ein Land wie die Schweiz zählt rund 1'000 Grossunternehmen. Ausser auf ihren Heimatmarkt fokussieren sich diese in der Regel auf eine oder maximal zwei Weltregionen. Dies hängt auch damit zusammen, dass die meisten Organisationen nicht über die nötigen Ressourcen verfügen, um erfolgreiche Geschäftsmodelle auf der ganzen Welt gleichzeitig zu entwickeln und zu erhalten. Die wirtschaftlichen, politischen, sozialen und kulturellen Unterschiede zwischen

Regionen wie Europa, Nordamerika, arabischem Raum und Asien-Pazifik sind nicht zu unterschätzen.

Volkswirtschaftlich die grösste Bedeutung haben jedoch die kleinen und mittleren Unternehmen (KMU), die so typisch sind für eine Volkswirtschaft wie die Schweiz. 320'000 KMU zählt unser kleines Land. Eine Studie von Arvinitis et al. (2011) erlaubt es, ein differenziertes Bild zu zeichnen: Der Internationalisierungsgrad steht in einem engen Zusammenhang mit dem Wirtschaftssektor, der Branche und der Unternehmensgrösse. Während Kleinunternehmen aus dem Dienstleistungssektor mehrheitlich auf den Lokalmarkt bezogen sind, verfügen insbesondere mittelgrosse Industrieunternehmen über eine hohe internationale Verflechtung.

Der Aufstieg der Schwellenländer

Im Zuge der Globalisierung hat sich die Wirtschaft von hoch entwickelten Ländern wie der Schweiz stark verändert. Manche Unternehmen erzielen über 95% ihres Umsatzes im Ausland. Es hängt dabei von der Unternehmensstrategie ab, inwieweit die Wertschöpfung in der Schweiz oder im Ausland anfällt.

Trotzdem führt kein Weg an der Tatsache vorbei, dass sich die Kräfteverhältnisse der Weltwirtschaft bereits deutlich verschoben haben und weiter verschieben werden. Die Bedeutung von Schwellenländern wie China, Russland, Indien, Brasilien oder Südafrika hat zweifellos zugenommen. Heute sind diese nicht nur im An- und Abbau von natürlichen Ressourcen sowie bei der günstigen Fertigung von Massenprodukten aktiv, sondern zusehends auch in der Entwicklung von innovativen Qualitätsgütern. Dank ihrer grossen Finanzkraft haben sie Unternehmen in vielen Ländern aufgekauft – auch in Europa.

Für die hiesige Wirtschaft stellen diese Veränderungen Chance und Herausforderung zugleich dar. Sie sind eine Herausforderung, weil der Schweiz neue Konkurrenz in den Qualitätssegmenten entsteht und ihre Position im Welthandel weiter geschwächt werden könnte. Sie stellen aber auch eine Chance dar, weil weltweit neue Märkte mit neuen Absatz- und Zuliefermöglichkeiten entstehen. Um wettbewerbsfähig gegen die neue Konkurrenz aus aufstrebenden Schwellenländern zu bleiben, war ein tiefgreifender Umbau der Schweizer Wirtschaftsstrukturen nötig. Dies gelang durch die bereits erwähnte internationale Arbeitsteilung und die Einführung von neuen Prinzipien der Unternehmensführung.

Der Arbeitsmarkt – neue Geschäftsfelder, Jobs, Tätigkeitsprofile und Berufsrollen

Diese wirtschaftlichen Veränderungen haben grosse Auswirkungen auf den Arbeitsmarkt. Zwar sind viele Jobs vornehmlich mit geringqualifizierten Profilen abgewandert, aber der Verlust von Arbeitsplätzen konnte bisher volkswirtschaftlich aufgefangen werden. Denn die Globalisierung als ein Treiber für die Entwicklung von neuen Produkten, Technologien, Services und Logistiken hat neue Geschäftsfelder und Businessmodelle entstehen lassen. Ihnen sind expandierende Berufsfelder, neue Jobs, innovative Tätigkeitsprofile und dynamische Berufsrollen zu verdanken. Es ist also kein Widerspruch, dass die internationale Verflechtung eine Stütze des Werkplatzes Schweiz ist.

Die Entstehung der Wissensgesellschaft

Die Strategie der Schweizer Wirtschaft scheint klar. Sie kann den Wettbewerb gegen ihre Konkurrenz aus Übersee nicht über den Preis gewinnen. Entsprechend setzt sie heute konsequenter als je zuvor auf Qualität und Innovation von Gütern, Dienstleistungen und Produkt-Service-Systemen sowie auf Nischenmärkte. Um die Wertschöpfung im Land zu behalten, ist eine moderne Infrastruktur und hochqualifiziertes Personal nötig. Die Unternehmen haben erkannt, dass den Kompetenzen ihrer Mitarbeitenden eine ausschlaggebende Rolle zukommt. Im tertiären (Dienstleistungen), sekundären (Industrie) und primären (Landwirtschaft) Wirtschaftssektor sind immer mehr Spezialkenntnisse nötig. Expertise und Know-how sind nicht etwa nur auf Führungs- und Managementebene, sondern gerade auch bei den operativ tätigen Fachkräften gefragt.

Die Bedeutung von Wissen und Bildung in postindustriellen Staaten führt dazu, dass sie immer häufiger als «Wissensgesellschaften» bezeichnet werden. Dieser Trend trifft übrigens nicht nur auf Berufsfelder wie Management, Engineering und Life Sciences zu. Er schlägt sich auch in solchen wie Soziales und Gesundheit nieder. Die Akademisierung der Gesundheitsberufe wie Pflege, Physiotherapie, Ergotherapie und Geburtshilfe mag hier als Beispiel genügen.

Neue Rekrutierungsmodelle

Zwar werden die Arbeitsmärkte weiterhin stark von nationalen Institutionen reguliert, aber die wirtschaftspolitischen Instrumente wie Arbeitsmarktreformen und Personenfreizügigkeit zielen darauf ab, die internationale Wettbewerbsfähigkeit der Schweiz zu unterstützen. Wie erwähnt, ist das Personal ein entscheidender Faktor für den Erfolg von Unternehmen und Organisationen. Entsprechend suchen diese die besten und talentiertesten (Nachwuchs-) Kräfte. Im Sprachgebrauch von Personalmanagern hat sich dafür der Begriff «war of talents» eingebürgert.

Dieser Wettbewerb um die besten Talente wird zunehmend global ausgetragen. Das schlägt sich im Trend nieder, dass immer mehr Stellen weltweit ausgeschrieben und immer mehr Mitarbeitende weltweit rekrutiert werden. Arbeitgeber mit einem hohen Anteil an Auslandaktivitäten sind auf Mitarbeitende angewiesen, die international relevante Kompetenzen mitbringen. Dazu gehören Fähigkeiten wie diejenige, unter ganz unterschiedlichen kulturellen Gegebenheiten erfolgreich handeln und aus globalen Trends innovative Ansätze für Zielmärkte ableiten zu können.

Chancen durch neue Laufbahnmodelle

Was sind die Auswirkungen der Internationalisierung der Arbeitsmärkte für Schweizer Hochschulabsolvierende? Sie können auf die Stellenangebote von unzähligen privatwirtschaftlichen Unternehmen, öffentlichen und internationalen Institutionen sowie nicht gewinnorientierten Organisationen, Stiftungen, Verbänden und Vereinen zurückgreifen. Ein Teil der Stellen ist in der Schweiz, ein Teil im Ausland angesiedelt.

Viele international orientierte Arbeitgeber haben neue Laufbahnmodelle etabliert und senden ihre Mitarbeitenden in Filialen und Tochtergesellschaften im Ausland (in diesem Fall spricht man von «Expatriates»). Wie Birgit Kley im Interview am Ende dieses Kapitels betont, können solche temporären Auslandeinsätze grosse Karrierechancen eröffnen. Umgekehrt erhalten oft Mitarbeitende aus den ausländischen Filialen und Tochtergesellschaften die Möglichkeit, ins Headquarter eines Unternehmens oder einer Organisation zu wechseln (in diesem Fall spricht man von «Inpatriates»).

Tipp

Zur Internationalisierung der Arbeitsmärkte tragen auch global tätige Personaldienstleister und Arbeitsvermittlungen bei. Unternehmen wie Adecco, Manpower oder Kelly Services sind praktisch weltweit tätig. Auch Online-Jobbörsen wie Monster bieten Stellen auf lokalen Arbeitsmärkten rund um den Globus an. Stellensuchende finden hier nicht nur offene Jobs, sondern auch Hinweise für die Jobsuche (→ Kapitel 5).

BERNINA ist ein global agierendes Unternehmen und einer der weltweit führenden Haushalt Näh- und Sticksystem Hersteller. Unser Markenname steht für sprichwörtliche Schweizer Präzision, Innovation und Qualität. Diesen Ruf haben wir ausgezeichneten, engagierten Mitarbeiterinnen und Mitarbeitern zu verdanken - solchen wie Ihnen?

Aktuell haben wir einem **Verkaufs- und Marketingprofi** (Frau oder Mann) eine entwicklungsfähige Schlüsselfunktion als

Geschäftsführer BERNINA of America

anzubieten. In dieser Funktion berichten Sie direkt dem CEO der BERNINA Textil Group und sind Mitglied des Management Teams der BERNINA International AG. Die Hauptaufgabe ist das selbständige Führen unseres Tochterunternehmens im Grossraum Chicago mit rund 120 Mitarbeitenden. Die BoA ist unsere Verkaufs-, Distributions- und Serviceorganisation in unserem wichtigsten Absatzmarkt. Ausgehend von betriebswirtschaftlichen Grundsätzen befassen Sie sich mit der Führung des Management-Teams, der Leitung des Verkaufs, der Abstimmung der Marketingaktivitäten, der Massnahmen zur Steigerung der Effizienz und dem Senken der Kosten. Als Ergebnisverantwortlicher für Ihren Delegationsbereich befassen Sie sich auch mit weiteren Herausforderungen und vielseitigen Aufgaben wie dem Ausbau unserer Marktstellung und dem Erschliessen neuer Absatzkanäle.

Sie sind mindestens 40 Jahre alt und ein Teamplayer mit hoher Sozialkompetenz, haben ein **BWL Studium** erfolgreich abgeschlossen und können nachweisbar profunde Verkaufs-, Marketing- und Distributionserfahrungen und ausgezeichnete Englischkenntnisse vorweisen. Als dynamische Führungspersönlichkeit haben Sie **mehrjährige erfolgreiche Erfahrung als Linienvorgesetzter eines grösseren Verkaufs- und Marketingbereichs von Premiumprodukten in der Konsumgüterindustrie.** Wird der Domizilwechsel nach Chicago von Ihrem privaten Umfeld unterstützt? Dann ist diese anspruchsvolle Führungsaufgabe eine Chance für Ihren nächsten Karriereschritt.

Bei uns können Sie Ihr unternehmerisches Denken und Handeln, Ihre Urteilsfähigkeit, das Verhandlungsgeschick wie auch Ihre Aufgeschlossenheit und Teamfähigkeit jederzeit in einem Umfeld, das Freiräume zulässt, einsetzen.

Haben Sie Interesse, am Erfolg der BERNINA mitzuarbeiten? Dann senden Sie bitte Ihre vollständigen Bewerbungsunterlagen, aus welchen sowohl Ihre Befähigung wie auch Ihre Motivation für diese spannende und einzigartige Aufgabe klar ersichtlich sind, möglichst per e-mail an unsere Leitung Personaldienst - Danke!

Beispiel für ein Stelleninserat im internationalen Umfeld

Herausforderungen durch Einwanderung

Die Chancen von Schweizer Hochschulabsolvent/innen auf den internationalisierten Arbeitsmärkten werden jedoch kontrastiert durch die Tatsache, dass ausländische Arbeitskräfte in die Schweiz einwandern. Auch in der Schweiz ansässige Unternehmen und Organisationen sind am «war of talents» beteiligt und rekrutieren die besten Kandidierenden. Mit anderen Worten: Den lokalen Führungs- und Fachkräften entsteht zunehmend Konkurrenz aus dem Ausland. Der Zustrom an hochqualifizierten Arbeitskräften führt nicht zu einer Verdrängung der Schweizerinnen und Schweizer, aber der Wettbewerb um die attraktivsten Jobs nimmt zu.

Beispielhaft lässt sich das an der jährlich steigenden Anzahl ausländischer CEOs in Schweizer Unternehmen ablesen. Aber auch unterhalb der obersten Führungsebene ist die Internationalisierung des Personals in vollem Gange. Zum einen handelt es sich um eine gesteuerte Arbeits- und Wirtschaftsmigration, zum anderen sind aber auch familiäre, gesellschaftliche und politische Gründe für die Einwanderung verantwortlich. Ein Beispiel aus dem bereits oben erwähnten Gesundheitssektor: Während die Schweiz jedes Jahr eine grosse Zahl von Ärzten und Medizinstudierenden aus Deutschland «importiert», deckt Grossbritannien seinen aufgrund des demografischen Wandels steigenden Bedarf an Pflegepersonal für Krankenhäuser und Seniorenheime zunehmend in Ghana.

Internationalisierung der Arbeitswelten im In- und Ausland

Die internationalen Rekrutierungs- und Laufbahnmodelle sowie die Ein- und Auswanderungsbewegungen verstärken die Internationalisierung der Arbeitswelten. Unabhängig davon, ob wir unser Augenmerk auf die Berufswelt im In- oder Ausland richten: die Arbeitsbeziehungen und die multikulturelle Zusammensetzung von Arbeitsteams nehmen kontinuierlich zu. Dies lässt sich beispielsweise in der öffentlichen Verwaltung von Stadt und Kanton Zürich festmachen: Im Bildungs-, Sozial- und Verkehrswesen werden immer mehr Personen mit multikulturellen und/oder ausländischen Staatsangehörigkeiten angestellt.

Selbstverständlich gibt es sie noch, die genuin internationalen Berufe in Bereichen wie Diplomatie, Entwicklungszusammenarbeit, Luftverkehr, Übersetzen und Dolmetschen. Charakteristisch für die internationalen Arbeitswelten ist heute jedoch die Zusammenarbeit über nationale und kulturelle Grenzen hinweg. Dazu gehört nicht nur, dass viele Leader multikulturelle Teams führen – man denke nur an den hohen Anteil an Mitarbeitenden mit Migrationshintergrund in der Industrie und im Gewerbe – und dass viele Fachpositionen Auslandkomponenten in Form von Projektaufträgen und Dienstreisen enthalten. Dazu gehören auch neue Berufsfelder wie beispielsweise die Integrationsförderung.

Employability

Vor dem Hintergrund dieser Entwicklungen wird die erhöhte Nachfrage nach internationaler Kompetenz verständlich. Gleichwohl ist die Frage legitim, welche Bedeutung der internationalen Kompetenz im Gesamtzusammenhang der Employability zukommt. Mit «Employability» ist die Fähigkeit zur Teilnehme am Arbeits- und Berufsleben gemeint. Letztlich geht es für uns als (potenzielle) Arbeitnehmer/innen darum, möglichst attraktiv für Arbeitgeber zu sein und auch in Zukunft zu bleiben. Dazu zählen die Fähigkeit, auf der Grundlage der eigenen Kompetenzen eine Beschäftigung zu finden, den neuen Anforderungen der sich verändernden Arbeitsmärkte gerecht zu werden und eine Beschäftigung zu halten sowie zukünftige Arbeitsmarktentwicklungen zu antizipieren und die eigene Laufbahnplanung entsprechend zu gestalten.

Das Employability-Konzept geht also von einem dynamischen Wandel der Arbeitsmärkte aus und fordert eine proaktive Haltung ihnen gegenüber. Es geht darum, durch Antizipation von Trends, lebenslanges Lernen und durch eine aktive Laufbahngestaltung eine Übereinstimmung zwischen den sich stetig verändernden Anforderungen der Arbeitswelten und den eigenen Kompetenzen sicherzustellen.

Grundlagen für einen erfolgreichen Berufseinstieg

Damit kommen wir zur Frage, welche Anforderungen die internationalisierten Arbeitsmärkte stellen. Es gibt viele Hinweise darauf, dass im Laufe der letzten zwei Jahrzehnte die Qualifikationsanforderungen auf dem Arbeitsmarkt gestiegen sind. Grundlage für einen erfolgreichen Berufseinstieg ist eine solide Fachkompetenz. Arbeitgeber suchen hierzulande hervorragend ausgebildete Hochschulabsolvent/innen, die bereits berufsrelevante Erfahrungen mitbringen.

Die Anzahl Stellen, zu denen wir auch ohne Berufserfahrung Zugang haben, sinkt kontinuierlich. Dies ist eine beachtliche Hürde für Berufseinsteigende. Studierende von Fachhochschulen bringen Fachkompetenz in Form von fachlichem Wissen und materialen Fähigkeiten in der Regel durch eine vorgängige Berufsausbildung mit, während Studierende von Universitäten die nötigen praktischen Erfahrungen beispielsweise durch Nebenjobs und Praktika erwerben können. Darüber hinaus braucht es für die Employability auch noch ein breites Set an Methoden-, Sozial- und Persönlichkeitskompetenzen. Ihre Bedeutung lässt sich allerdings nicht verallgemeinern, sondern hängt stark vom berufs-, firmen- und stellenspezifischen Kontext ab.

Leben und Überleben in der Matrix

Interview mit Birgit Kley, Head HR Leadership Development von Siemens Building Technologies

Birgit Kley leitet das Team HR Leadership Development, das als zentrales Kompetenzcenter für die Themen Mitarbeiter- und Führungskräfteentwicklung von Siemens Building Technologies verantwortlich ist. In dieser Funktion setzt sie sich für eine kompetenzorientierte Organisationsentwicklung ein, die sie persönlich vorlebt. Aufgewachsen in der ehemaligen DDR, ist sie noch 1989 über Ungarn in die Bundesrepublik Deutschland geflohen. Die Studienzeit an den Universitäten Passau, Spokane (USA) und Malaga (Spanien) hat sie für mehrmonatige Praktika in Finnland, Grossbritannien, Russland und Deutschland genutzt; anschliessend hatte sie verschiedene Funktionen in HR, Strategie und Beratungsumfeld inne. Seit 2001 ist Birgit Kley bei Siemens. Nebst mehrjährigen Tätigkeiten in Deutschland und Österreich hat sie ihre internationale Erfahrung mit mehrmonatigen Projekteinsätzen in China, Indien und den USA vertieft. Seit 2010 arbeitet sie im Headquarter der Siemens Building Technologies in Zug.

Wie erleben Sie persönlich die Globalisierung in Ihrem Arbeitsalltag?

Mit 400'000 Mitarbeitenden in 190 Ländern ist Siemens in der Tat ein globales Unternehmen. Ich habe bei Siemens eine Funktion mit weltweiter Verantwortung. Das Headquarter der Siemens Building Technologies – und damit mein Arbeitsplatz – befindet sich zwar in der Schweiz. Aber wir steuern von hier das Geschäft der Division weltweit. Für meine Funktion im Leadership Development stehe ich täglich in Kontakt mit anderen Ländern. Das kann morgens bezüglich einer Stellenbesetzung in Indien und abends wegen einer Akquisition in den USA sein.

Birgit Kley, Head HR Leadership Development von Siemens Building Technologies

Was sind Ihre Aufgaben als Head HR Leadership Development?

In meiner Funktion stelle ich sicher, dass die Vorgaben der Zentrale Eingang in die Personalprozesse vor Ort finden und dort auch wirklich gelebt werden. So zum Beispiel der Prozess für das Performance Management, bei dem wir unseren Mitarbeitern weltweit Ziele setzen und deren Erreichung evaluieren. Dieser Prozess findet jährlich an allen Standorten im gleichen Zeitraum statt und erfordert daher ein hohes Mass an Koordination.

Besonders interessant an meinem Job sind die interkulturellen Herausforderungen im Denken, Handeln und in der Kommunikation, mit denen ich täglich konfrontiert bin – zum Beispiel, wenn es um Gespräche über die Talentsituation oder um Nachfolgekandidaten für Schlüsselpositionen in anderen Ländern geht. Es braucht viel Sensibilität, um sich in solchen Gesprächen vorzutasten.

Welche Laufbahnen ermöglichen die internationalisierten Arbeitsmärkte?

Wir treffen heute immer mehr globale Karrieren an. Auch bei Siemens führen Laufbahnen vermehrt durch unterschiedliche Länder und sind weniger national geprägt. Wie global eine berufliche Laufbahn wirklich ist, hängt stark vom Einzelfall ab. Da die meisten Mitarbeitenden eine Familie haben, ist es wichtig, dass Auslandaufenthalte auch mit ihrer persönlichen Situation in Einklang gebracht werden können. Deshalb ist es nicht selbstverständlich, dass jemand heute in Dubai, nächstes Jahr in den USA und in fünf Jahren in Südamerika arbeitet. Aber auch solche Fälle gibt es bei uns.

Häufiger anzutreffen sind globale Projektkarrieren. Man arbeitet nicht für vier Jahre an einem ausländischen Standort, sondern ist durch Projekte sehr stark mit dem Ausland in Kontakt oder wirkt für Wochen und Monate an einem Projekt im Ausland mit. Das betrifft rund 50% der Stellen, über alle Funktionen hinweg.

Wie international ist Ihr Personal?

Wir beschäftigen immer mehr ausländische Fachkräfte in unserem Headquarter – allein in Zug sind 15 Nicht-EU-Nationalitäten vertreten.

Wir fördern die Rotation von Mitarbeitenden, um ihnen Erfahrungen in der Konzernzentrale, in anderen Landesgesellschaften von Siemens oder anderen Geschäftsbereichen zu ermöglichen. So können sie Netzwerke aufbauen, die sie langfristig weiterbringen. Eine lokale Perspektive allein genügt heute nur noch selten. Jedem Mitarbeitenden, der in einem globalen Konzern wie Siemens Karriere machen möchte, kann ich nur wärmstens empfehlen, verschiedene Länder, Fachbereiche und Funktionen zu durchlaufen, da er oder sie ansonsten Schwierigkeiten haben könnte, in unserer Matrix-Organisation erfolgreich zu sein.

Ist der «war for talents» heute die Realität oder nur ein Schlagwort?

Das ist ganz klar Realität – wobei es hier Sinn macht, zwischen reifen und Wachstumsmärkten zu unterscheiden. Nehmen wir die Schweiz als Beispiel. Für uns ist es von grossem Interesse, dass unsere Mitarbeitenden gerne bei uns arbeiten, weil sie sonst nächste Woche eine Stelle bei einem Wettbewerber annehmen könnten. Glücklicherweise ist hier der Arbeitsmarkt stabil und gut. Die Hürde zu kündigen, ist relativ klein, insofern sind loyalitätsfördernde Massnahmen für uns wichtig.

In Wachstumsmärkten wie zum Beispiel in China ist der «war for talents» noch dramatischer. Allein unser Sektor Industrie sucht in China 2'000 neue Fachkräfte. Wir sind dort nur ein Unternehmen von vielen und konkurrieren mit anderen staatlichen und multinationalen Organisationen. Natürlich gibt es ein grosses Angebot an Arbeitskräften, aber man muss berücksichtigen, dass der Ausbildungsstand nicht immer unseren Anforderungen entspricht, genauso wenig wie die persönliche Mobilität. Viele Chines/innen sind auf ihr familiäres Netzwerk angewiesen und daher nicht so mobil wie es für unsere Projekte erforderlich ist. Entsprechend sind wir bei der Personalrekrutierung, der Personalentwicklung und bei Retention-Massnahmen massiv gefordert, um gegenüber der Konkurrenz erfolgreich zu bleiben und Abwerbeversuche von Headhuntern abzuwehren. Finanzielle Anreize und schnelle Karrieremöglichkeiten sind in Wachstumsmärkten wie China relativ wichtig.

Was unternehmen Sie, um die gesuchten hochqualifizierten Arbeitskräfte zu finden?

Hier ist wieder der Unterschied zwischen der lokalen und der globalen Perspektive wichtig. Wenn wir zum Beispiel Berufseinsteiger in der Schweiz rekrutieren, geschieht das meistens lokal. Unsere Kontakte zu den umliegenden Hochschulen helfen uns dabei. Aber die Karriere von vielen Mitarbeitenden globalisiert sich, sobald sie bei Siemens an Bord sind.

Für Absolvierende von Hoch- und Fachschulen bieten wir zum Beispiel das Siemens Graduate Program an. Im Laufe dieses zweijährigen Einstiegsprogramms arbeiten die Trainees für jeweils acht Monate in verschiedenen Funktionen und an verschiedenen Standorten, davon auch mindestens an einem Auslandstandort. Daneben gibt es weitere internationale Programme wie das Finance Excellence Programm, das sich an Absolvent/innen der Top Business Schools wendet.

Wie fördert Siemens seine Arbeitskräfte?

Grundsätzlich hat Siemens drei Karrierepfade: die klassische Management-, die Experten- und die Projektkarriere. Während es bei der Expertenkarriere vor allem um die Förderung und Anerkennung von Fachexpertise, Spezialistenwissen und Technologieentwicklung geht, steht bei der Projektmanagementkarriere die Bewältigung von komplexen Kundenprojekten im Vordergrund. Ein Beispiel: Siemens baut ein Kraftwerk in Indien und hat dafür ein Fixpreisangebot abgegeben, Betriebsbeginn in drei Jahren. In diesem Fall benötigen wir gute Projektmanager, die sicherstellen, dass das Projekt erfolgreich in Zeit und Budget abgewickelt wird und die Risiken, die so komplexe Projekte bergen, beherrscht werden.

Für alle drei Karrierepfade gibt es begleitende internationale Förderprogramme. Auch hier kommen die Teilnehmenden eines Trainings in aller Regel aus verschiedenen Ländern, so dass sie die globale Organisationskultur aus einer neuen Perspektive kennenlernen und neue Kontakte knüpfen können.

Für Führungskräfte verschiedener Hierarchieebenen bieten wir beispielsweise Trainings wie das Siemens Leadership Excellence Programm an. Für Mitarbeitende in der Fach- oder Projektkarriere werden eigens dafür entwickelte Core-Learning-Programme angeboten.

Was erwarten Sie von künftigen Mitarbeitenden?

Das hängt stark von der Funktion ab, für die wir rekrutieren. Eine Vertriebsorganisation braucht Vertriebsfachleute mit Verständnis für den lokalen Markt und einem Draht zu den Kunden vor Ort. Entsprechend spielen hier Auslanderfahrung und interkulturelle Sensibilität nur eine untergeordnete Rolle.

Dagegen ist ein breites Erfahrungsspektrum bei Stellen in der Firmenzentrale, wo es häufig um Strategie-, Konzept- und Produktportfolio-Überlegungen geht, sehr entscheidend. Würden wir hier nur mit einer deutschen oder Schweizer Brille agieren, könnten wir in den USA nicht bestehen.

Fachkompetenz braucht es natürlich immer, schliesslich beschäftigen wir auch viele Spezialisten für diverse Fachthemen. Aber die im Studium erlernten Fachkenntnisse werden im Arbeitsalltag oft überraschend selten eingesetzt. Dagegen spielt Sozial- und Methodenkompetenz eine wichtige Rolle und wird daher im Bewerbungsprozess auch getestet und beobachtet.

Besonders wichtig erscheinen mir hervorragende Methodenkenntnisse. Sich rasch in neue Themen einarbeiten zu können, einen Blick für das Wesentliche zu haben und aus komplexen Zusammenhängen die richtigen Schlüsse zu ziehen: Das ist wichtig, um in virtuellen Teams zu arbeiten und transnationale Projekte zum Erfolg zu führen.

Wie steht es mit Arbeitserfahrung?

«Erfahrung» und besonders im Ausland gemachte Studien- und Praxiserfahrung sind uns sehr wichtig. Aktuell stellen wir fest, dass noch viele Studierende internationale Erfahrung in Ländern wie den USA und innerhalb der EU sammeln. Gefragt sind aber auch Studierende mit Erfahrung in Wachstums- und Schwellenländern, weil dies unsere Wachstumsmärkte der Zukunft sind. Wir finden leider noch nicht genügend Hochschulabsolvent/innen, die in diesen Ländern studiert und gelebt haben und Kompetenzen in einem schwierigen interkulturellen Umfeld nachweisen können. Die Bereitschaft, die eigene Komfortzone zu verlassen und tief in eine fremde Kultur einzusteigen, ist noch nicht sehr verbreitet.

Gibt es weitere Kompetenzen, die Ihnen wichtig sind?

In unserem globalen Unternehmen ist das Thema Lernen und «Überleben» in einer Matrix-Organisation wichtig. Auf Führungsebene gibt es heute immer seltener Mitarbeitende, die nur einer Führungskraft unterstellt sind. Sich gegenüber mehreren Vorgesetzten zu positionieren, die in verschiedenen Ländern arbeiten, jeweils eigene Ziele formulieren und unterschiedliche Erwartungen haben, ist alles andere als einfach.

Laufbahnplanung in einer Matrixorganisation kann entsprechend schwierig sein. Es geht darum, sich jeden Tag zu engagieren, mit Ergebnissen zu überzeugen, die eigenen Fähigkeiten weiterzuentwickeln und die Augen offenzuhalten. Es gibt heute kaum noch logisch vorgezeichnete Karrierewege. Wichtig ist es, die sich bietenden «windows of opportunity» wahrzunehmen und zu ergreifen. Veränderungsbereitschaft, Flexibilität und Mobilität sind Kompetenzen, die immer stärker gefragt sind, denn der ständige Wandel ist zum Dauerzustand geworden.

3. Arbeitsmarktbefähigung

Welche internationalen Kompetenzen sind entscheidend?

Frank Wittmann

Die Wissensgesellschaft bietet interessante Perspektiven für die Berufslaufbahnen von Hochschulabsolvent/innen. Im vorhergehenden Kapitel haben
wir einige Veränderungen der internationalisierten Arbeitsmärkte unter
die Lupe genommen und die sich daraus ergebenden beruflichen Chancen
und Herausforderungen beschrieben. Die entscheidenden Fragen sind nun:
Was macht internationale Employability genau aus? Welche Kompetenzen
benötigen wir in unserem beruflichen Rucksack, um das Ziel unserer Reise
zu erreichen?

Begriffsklärungen

Obwohl wir für das vorliegende Buch keine wissenschaftlichen Ansprüche haben,
ist es sinnvoll, etwas genauer auf die Begrifflichkeiten einzugehen. Wer in verschiedenen Informationsquellen nachschlägt, wird sehen, dass der Begriff «Kompetenz» – und dies trifft auch auf «internationale Kompetenz» zu – nicht einheitlich verwendet wird. Die Vielfalt der Begriffsdefinitionen und -verwendungen ist
eine Folge davon, dass sich viele Menschen mit diesen Themen beschäftigen und
dabei verschiedene Ansätze, Modelle und Erfahrungen einbringen.

Im Folgenden verstehen wir unter «Kompetenz» die Dispositionen,
Wissensbestände, Fähigkeiten und Fertigkeiten von Individuen, etwas auf effektive und angemessene Weise zu tun. Diese Definition zeigt, dass es uns um hand-
lungsorientierte Kompetenz geht. Es ist üblich, Kompetenz in die vier Dimensionen Fach-, Methoden-, Sozial- und Persönlichkeitskompetenz zu unterteilen.

Hard und Soft Skills

Unter «Fachkompetenzen» werden das spezifische Wissen über ein Fach und die
Kenntnis des Fachvokabulars verstanden. Häufig werden sie auch als «Hard
Skills» oder «formelle Qualifikationen» bezeichnet. Dagegen beziehen sich
«Methodenkompetenzen» auf die Fähigkeit, fachspezifische Inhalte auf bestimmte
Fälle beispielsweise im Rahmen von Planung, Organisation, Informations-
recherche, Projekt- und Prozessmanagement anwenden zu können. Während sich
«Sozialkompetenzen» auf die Interaktion mit anderen Menschen (Kommunikation, Kooperation, Konfliktfähigkeit, etc.) beziehen, ist mit «Persönlichkeitskompetenz» die Fähigkeit zu Eigenmotivation, Leistungsbereitschaft, Verant-
wortungsbewusstsein und Selbstmanagement gemeint. Für Methoden-, Sozial-
und Persönlichkeitskompetenzen sind auch die Begriffe «Soft Skills», «informel-
le Qualifikationen» oder «überfachliche Schlüsselkompetenzen» üblich.

Internationale Kompetenz

Nach diesen einleitenden Bemerkungen können wir «internationale Kompetenz» als diejenigen Dispositionen, Wissensbestände, Fähigkeiten und Fertigkeiten verstehen, die es Individuen ermöglichen, effektiv und angemessen mit anderen Menschen in einem internationalen Kontext zu interagieren. Internationale Kompetenz enthält verschiedene Komponenten, die auf allen vier Kompetenzdimensionen eine Rolle spielen. Komponenten wie internationales Wissen, Fremdsprachenkenntnisse und interkulturelle Kompetenz beziehen sich auf die verschiedenen Dimensionen Fach-, Methoden-, Sozial- und Persönlichkeitskompetenz. Wie am Ende des letzten Kapitels geschrieben, gehen wir davon aus, dass die Anforderungen an unseren Kompetenzenmix auch in den nächsten Jahren weiter steigen werden. Kurz gesagt: Hard Skills sind nicht ausreichend, für den Erfolg am Arbeitsmarkt braucht es auch Soft Skills.

Exkurs

Um internationale Kompetenz besser zu verstehen, lohnt sich ein Ausflug in die Neurologie. Denn Erkenntnisse aus der modernen Hirnforschung zeigen, dass die rationalen (Fach- und Methodenkompetenz) und die emotionalen Dimensionen (Sozial- und Persönlichkeitskompetenz) in einem engen Wechselverhältnis stehen. Genau genommen können sie gar nicht klar voneinander getrennt werden. Bei der Interaktion mit anderen Menschen – wie auch in allen anderen Situationen – laufen Myriaden von Prozessen ab. Dabei sind Gehirnteile aktiv, die sowohl rationale Prozesse steuern als auch emotionale Bewertungen vornehmen.

Neurowissenschaftler wie Ernst Pöppel oder Gerhard Roth zeigen in ihren Büchern, dass unser Denken, Fühlen, Wahrnehmen, Wissen und Erinnern durch die Strukturen und Funktionen des Gehirns bereitgestellt werden. In den ersten Lebensjahren wird das Gehirn strukturell geprägt, und Funktionen, Werte und Kompetenzen werden geformt. In späteren Jahren ist Lernen immer noch möglich, aber es geht aufgrund der nun vorgegebenen Strukturen nicht mehr so einfach vonstatten wie noch in der Kindheit. Das kulturelle Umfeld, in dem wir leben, spielt dabei eine wichtige Rolle. Wer diese kulturelle Verankerung erkennt, lernt sich selbst besser zu verstehen und zu relativieren. Diese Relativierung eröffnet neue Perspektiven für einen toleranten Umgang mit anderen Menschen. Aus diesem Grund sind die Erkenntnisse der Neurologie wichtig für das Verständnis von interkultureller Kompetenz.

Internationale Fachkompetenz

Die Bedeutung der Soft Skills nimmt zu, Fachkompetenz spielt eine wichtige Rolle im internationalen Umfeld. Wissen wird heute in internationalen Netzwerken generiert, ausgetauscht und weiterentwickelt. Es überschreitet Grenzen und kann sich nur in offenen Systemen entfalten. Daher kommt es, dass es in vielen Berufsfeldern so etwas wie einen Wissensstand gibt, der international anerkannt ist. Im Umweltengineering hat sich in den letzten Jahren beispielsweise immer mehr ein international anerkannter kleinster gemeinsamer Nenner über die drängendsten technologischen Herausforderungen und Produktebedürfnisse herausgebildet, um einen nachhaltigen Umgang mit unseren natürlichen Ressourcen zu ermöglichen.

Internationale Fachkompetenz beinhaltet ferner Wissen über internationale Themen, Prozesse und Akteure. Im zeitgenössischen kommerziellen Handel benötigt ein Unternehmen beispielsweise ein fundiertes Know-how über die globale Logistik, den internationalen Zahlungsverkehr und das international gültige Handelsrecht, um erfolgreich Geschäfte tätigen zu können. Zur internationalen Fachkompetenz gehört auch die professionelle Haltung, über den eigenen Tellerrand hinaus zu blicken. Ein systematisches Monitoring von Entwicklungen und eine Analyse von Trends im Ausland sind wichtige Quellen der Inspiration und Kreativität. Viele neue Produkte und Dienstleistungen gehen auf Adaptionen aus dem Ausland zurück.

Das Wissen über andere Länder und Kulturen

International relevante Fachkenntnisse sind die Eintrittskarte für internationale Laufbahnen. Eine Beschreibung der internationalen Fachkompetenz wäre allerdings nicht vollständig ohne das Wissen über andere Länder und Kulturen. Denn wenn wir im Ausland erfolgreich tätig und eng mit Menschen aus anderen Ländern zusammenarbeiten möchten, ist es unabdingbar, diese Länder und Kulturen gut zu kennen. Dazu zählt auch das Bewusstsein, dass Unternehmens- und Organisationskulturen im Ausland manchenorts anderen Werten folgen und dass fachliche und disziplinäre Grenzen im Ausland zum Teil anders gezogen werden.

> **Tipp**
>
> Image ist ein wesentlicher Faktor für Erfolg. Im beruflichen Umfeld hängt das eigene Image auch von der Höflichkeit und dem angemessenen Auftreten ab. Höflichen Menschen wird eine höhere Glaubwürdigkeit und Sachkompetenz eingeräumt. Kleidung, Körperhaltung, Pünktlichkeit, Begrüssungs- und Verab-

schiedungsrituale sowie Bitte- und Dankesagen sind Formen, um dem Gegenüber Respekt zu bezeugen. Angesichts der fachspezifischen und kulturellen Unterschiede ist es allerdings unmöglich, allgemeingültige Normen aufzustellen. Viel eher geht es darum, sich kulturelle Unterschiede in Bezug auf sein Verhalten bewusst zu werden und die Erwartungen von anderen an das eigene Auftreten zu reflektieren. Denn Verstösse können zur persönlichen und beruflichen Abwertung führen.

Im Ausland ist in aller Regel keine vollständige Anpassung nötig, sondern es geht zunächst einmal darum, andere Menschen nicht zu verletzen und nicht gegen lokale Normen zu verstossen. Wenn man unsicher ist, inwieweit es angemessen ist, beispielsweise bei der Kleidung der Individualität Ausdruck zu verleihen, sich an internationalen Standards zu orientieren oder sich an spezifische Normen anzupassen, ist der einfachste Ansatz, andere Menschen um Rat zu fragen. Häufig ergeben sich aus solchen Gesprächen wichtige Informationen und Kontakte, die auch in anderen Zusammenhängen von Wert sein können.

Rosemarie Wrede-Grischkat beschreibt in ihrem Buch «Manieren und Karriere. Internationale Verhaltensregeln für Führungskräfte» die Zusammenhänge zwischen Manieren und Karriere im internationalen Umfeld und macht sie durchschaubarer – ohne dabei international kompetentes Verhalten auf äusserliche Umgangsformen zu reduzieren.

Fachkompetenz an andere Kontexte anpassen

Es gibt einen wichtigen Aspekt von internationaler Fachkompetenz, den wir noch nicht angesprochen haben. Denn international gültiges und relevantes Fachwissen ist erst dann nutzbringend, wenn wir auch die Fähigkeit haben, es in fremde Kontexte zu übertragen, dort anzuwenden und weiterzuentwickeln. Nebst Fachwissen und Wissen über den fremden Kontext braucht es dazu Methoden-, Sozial- und Persönlichkeitskompetenzen wie Offenheit und Anpassungsfähigkeit.

Daran können wir gut ablesen, dass es gar keinen Sinn macht, Hard und Soft Skills strikt zu trennen. In der Berufspraxis kann nur erfolgreich sein, wer beides mitbringt. Eine Person mit hervorragenden internationalen Sozialkompetenzen wird ohne internationale Fachkompetenz beruflich genauso scheitern wie umgekehrt Fachexperten ohne Sozial- und Persönlichkeitskompetenzen.

Fremdsprachenkenntnisse als Schlüssel zur Welt

Die Bedeutung von Fremdsprachenkenntnissen kann nicht hoch genug eingeschätzt werden. Es braucht eine gemeinsame Sprache, wenn zwei Menschen aus unterschiedlichen Sprachräumen miteinander kommunizieren möchten. Die gemeinsame Lingua Franca ist in den internationalisierten Arbeitswelten häufig, (aber beileibe nicht immer) Englisch. Im internationalen Berufskontext wird eine fliessende Beherrschung des Englischen vorausgesetzt. Eine Zertifizierung Ihrer Englischkenntnisse (IELTS, TOEFFEL, Cambridge) ist zu empfehlen. Jede weitere Fremdsprache ist von Vorteil und für viele Jobs sogar eine Notwendigkeit. Wer beispielsweise für ein Konsumunternehmen oder eine Entwicklungsorganisation im Nahen Osten oder in Nordafrika arbeiten möchte, braucht in aller Regel zusätzlich Arabischkenntnisse.

Emotionale Intelligenz

Neben internationaler Fachkompetenz und Fremdsprachenkenntnissen ist interkulturelle Kompetenz die dritte Komponente von internationaler Kompetenz. Es geht um die Frage, welche Einstellungen und Fähigkeiten wir benötigen, um mit Menschen aus anderen Ländern und Kulturen effektiv und angemessen kommunizieren und kooperieren zu können.

Die Antwort ist überraschend: Gefragt sind genau dieselben Kompetenzen, die auch beim Umgang mit Menschen aus unserer eigenen Kultur entscheidend sind. Es geht um persönliche und soziale Kompetenzen, die Daniel Goleman unter dem Schlagwort «Emotionale Intelligenz» berühmt gemacht hat. Im internationalen Umfeld sind diese Kompetenzen noch schwieriger anwendbar. Denn schon die Erwartungen und Voraussetzungen für das Ausdrücken von Gefühlen, Meinungen, Bewertungen sind kulturell geprägt und daher sehr unterschiedlich. Das fängt bereits beim Lachen oder beim Zeigen von Verletztheit oder Trauer an: In vielen sog. «neutralen» Kulturen werden diese Gefühle in öffentlichen und offiziellen Situationen nicht gezeigt. Emotionale Intelligenz bedeutet dann, dies zu wissen und nicht davon auszugehen, dass das Gegenüber diese Gefühle nicht habe. Es ist zweifelsohne bereits ein schwieriges Unterfangen, sich in eine andere Person aus unserem vertrauten Umfeld hineinzuversetzen; aber einen Menschen aus einer anderen Kultur zu verstehen, kann ein noch komplexeres Unterfangen sein.

«Erkenne dich selbst!»

Bevor wir uns eingehender mit Empathie beschäftigen, der Fähigkeit, sich in andere Menschen hinein zu versetzen und sie so «von innen» zu verstehen, müssen wir den Fokus auf uns selbst lenken. Denn Empathie setzt voraus, dass wir unsere eigene Sicht der Dinge verstehen und über eine gute Selbstwahrnehmung verfügen. Der interkulturell kompetente Mensch wird auf sich selbst zurückgeworfen. Nicht umsonst stand «Erkenne dich selbst» (grch. *Gnōthi seautón*) auf dem

Apollontempel in Delphi. Die eigenen Werte, Gefühle, Routinen, Lebens- und Kommunikationsstile zu erkennen, zu verstehen und zu relativieren, ermöglicht uns eine offene und tolerante Haltung Menschen gegenüber, die andere Werte, Gefühle und Routinen haben. Im Interview am Ende dieses Kapitels wird die Trainerin und Organisationsentwicklerin Ariane Curdy vertieft auf die Bedeutung der Selbstreflexion eingehen.

Good Practice

Im Zusammenhang mit unserem Thema der internationalen Kompetenz fällt die Affinität zum Buddhismus ins Auge. Die bereits erwähnten Autoren Goleman und Pöppel beziehen sich beide auf die buddhistische Achtsamkeitsmeditation, bei der es darum geht, die eigene Wahrnehmung auf das zu lenken, was in uns vorgeht. Im Klassiker «Einsicht durch Meditation» bieten die Autoren Jack Kornfield und Joseph Goldstein eine gut lesbare Einleitung in die Meditation.

Neben der buddhistischen Meditation gibt es selbstverständlich noch viele weitere Wege zur Selbsterkenntnis. Stellvertretend können die Philosophie, die Psychoanalyse und die muslimische Tradition des Sufismus genannt werden. Sie können uns dabei unterstützen, die Motive unseres eigenen Handelns zu verstehen: Wie habe ich mich in einer bestimmten interkulturellen Situation verhalten, und warum so? Was reizt mich daran, mit Menschen aus anderen Ländern zusammenzuarbeiten?

Anpassungsfähigkeit und Ambiguitätstoleranz

Es unmöglich und wohl auch sinnlos, die verschiedenen (Teil-) Komponenten von internationaler Kompetenz zu klassifizieren und zu gewichten. Aber wenn man unbedingt einzelne Teilkomponenten als besonders wichtig herausheben möchte, dann plädieren wir für Anpassungsfähigkeit und Ambiguitätstoleranz. Warum? Wer seine eigenen Werte kennt und relativieren kann, dem fällt es bedeutend leichter, sich an fremde Gegebenheiten anzupassen. Im fremdkulturellen Kontext wird meistens nicht vorausgesetzt, dass man alles aus der Gastkultur übernimmt; erwartet wird aber Respekt gegenüber lokalen Gepflogenheiten. Diesen Respekt können wir in Worten und Taten ausdrücken.

Auch aus rein praktischen Gründen ist es empfehlenswert, sich bis zu einem gewissen Grad flexibel an Gegebenheiten und Veränderungen anzupassen. Nehmen wir das Beispiel Kommunikation, die im höchsten Grad kulturell geprägt ist. Im westafrikanischen Kontext charakterisiert sie sich zum Beispiel durch sehr narrative und zirkuläre Elemente, die in hohem Masse durch die Situation und die anwesenden Personen reguliert werden. Häufig nehmen sich die anwesenden Personen nicht einfach das Recht zu reden heraus; es wird nach gewissen Kriterien erteilt. Bei der eigentlichen Rede wird die Aussage sodann nicht kurz und direkt adressiert, sondern häufig als rhetorisch gewandtes Wortspiel kultiviert. Dieser Kommunikationsstil erscheint vielen Ausländern verständlicherweise zunächst ungewohnt, aber mit ein wenig Beobachtung und Übung ist es den meisten Menschen möglich, vermehrt narrative Elemente in ihren eigenen Kommunikationsstil zu übernehmen. Bereits Zeichen des Bemühens werden häufig Anerkennung bei den Gegenübern hervorrufen.

Positives Feedback kann uns die Situation erleichtern, aber es gehört zu Lernprozessen dazu, mit Unsicherheit konfrontiert zu sein. Was denken die anderen von uns? Ist es richtig, was wir tun? Im internationalen Kontext erhöht sich die Unsicherheit. Dies erfordert von interkulturell kompetenten Menschen Bereitschaft und Fähigkeit, sich auf unsichere Situationen einzulassen. Mit Ambiguitätstoleranz ist also nicht nur gemeint, dass wir mental darauf vorbereitet sind, Unerwartetem zu begegnen, sondern dass wir in unklaren und mehrdeutigen Situationen handlungsfähig bleiben und kreative Lösungen ausprobieren.

Tipp

Neben der naheliegenden Frage, welche Kompetenzen wichtig für Berufserfolg sind, ist umgekehrt auch der Bedeutung von Soft Skills für den beruflichen Misserfolg Beachtung zu schenken. Wie Salvisberg in seinem Buch «Soft Skills auf dem Arbeitsmarkt» schreibt, machen Arbeitgeber die grössten Defizite von Arbeitnehmer/innen bei den Sozial- und Persönlichkeitskompetenzen aus. Unzulänglichkeiten in diesen Bereichen schlagen sich in dysfunktionalem Verhalten nieder, das wesentlich häufiger ein Grund für Karrierestillstand oder sogar Entlassung ist als mangelnde Fach- und Methodenkompetenz.

Empathie – die Kunst des Zuhörens und Fragenstellens

Empathie, die Fähigkeit sich in andere Menschen hineinzuversetzen und ihre Sicht der Dinge zu verstehen, ist eine weitere grundlege Komponente von internationaler Kompetenz. Nur wer anderen Menschen zuhören und einen Dialog auf Augenhöhe etablieren kann, wird ein vertieftes Verständnis ihrer Lebens- und Arbeitswelt erhalten. Ansonsten resultieren aus solchen Begegnungen Unverständnis, Missverständnis und Frustration- ganz unabhängig davon, ob es um kommerzielle oder gemeinnützige Ziele geht.

Techniken, um die eigene Empathie weiterzuentwickeln, sind das aktive Zuhören und das Fragenstellen. Dadurch signalisieren wir dem Gegenüber nicht nur Interesse, sondern wir erhalten auch nützliche Informationen. Durch eine hohe Aufmerksamkeit den Gesprächspartnern gegenüber können nebst verbalen Signalen (Sprache, Tonfall) auch die nonverbalen Kommunikationssignale wie Mimik und Körpersprache mit einbezogen werden. In vielen Situationen kann dies einen entscheidenden Wettbewerbsvorteil mit sich bringen. Nicht zuletzt aus diesem Grund kommt der Empathie heute eine entscheidende Bedeutung im Bereich Führung zu.

Tipp

Wer möchte nicht gerne empathischer, flexibler oder kreativer sein? Beim amerikanischen Autor Marshall Goldsmith erhalten wir wertvolle Hinweise, wie es Berufstätigen gelingen kann, Vorsätze und neu Gelerntes als Routine im Arbeits- und Lebensalltag zu verankern. Aufsätze, Interviews und weiteres Informationsmaterial finden sich auf der Webseite: www.marshallgoldsmithlibrary.com.

Interkulturelle Kooperations- und Konfliktfähigkeit

Eine weitere zentrale Komponente interkultureller Kompetenz ist die Kooperationsfähigkeit – schliesslich geht es in den modernen Arbeitswelten ganz konkret um die Fähigkeit, mit Menschen aus anderen Ländern und Kulturen nicht nur zu kommunizieren, sondern auch erfolgreich mit ihnen zusammenzuarbeiten. Viele Unternehmen und Organisationen achten bei ihrer Teamzusammenstellung ganz gezielt auf eine internationale Mischung. Entsprechend müssen die Teammitglieder in der Lage sein, Beziehungen zu den anderen aufzubauen und bereits erwähnte Teilkompetenzen wie Empathie und Anpassungsfähigkeit in der Praxis umzusetzen.

Es lohnt sich, über die Ziele und Methoden der Zusammenarbeit zu sprechen und gegenseitige Erwartungen aufzudecken. Teambuilding ist ein zeitintensiver Prozess und kann nur gelingen, wenn alle Mitglieder des Teams sich einbringen und aktiv mitarbeiten, gemeinsame Werte zu entwickeln. Im Umfeld des diplomatischen Dienstes sind sog. «Code of Conducts» verbreitet. Die UNO vermittelt beispielsweise den eigenen Mitarbeitenden damit Handlungsanleitungen. Sie können als Orientierungshilfe sinnvoll sein, entbehren die Individuen und Teams aber nicht davon, sich damit selbst auseinander zu setzten.

Solche Code of Conducts können selbstverständlich nicht grundsätzlich verhindern, dass im Rahmen von Kooperationen vielfach zwischenmenschliche

Spannungen, Meinungsverschiedenheiten und Misserfolge auftreten. Aber sie können interkulturell sensible Menschen dabei unterstützen, ein gutes Konfliktmanagement zu entwickeln. Dies beginnt damit, die Konflikte zu analysieren und auf der Grundlage eines vertieften Verständnisses, produktive Lösungsansätze für diese konflikthaften und manchmal vielleicht sogar frustrierenden Situationen zu entwickeln.

Good Practice

Die transnationale Zusammenarbeit von Unternehmen und Organisationen erfolgt häufig im Rahmen von Projekten. Die Bedeutung von internationalem Projektmanagement ist daher in den letzten Jahren stark gestiegen. Im Vergleich zu geografisch eingegrenzten Projekten nimmt die Anzahl der kritischen Erfolgsfaktoren bei internationalen Projekten zu. Unterschiedliche Standards und Erwartungen hinsichtlich Führung, Projektorganisation (u.a. Termin-, Ressourcen- und Budgetplanung) und Change-Management spielen genauso eine Rolle wie Kommunikation über grössere Distanzen hinweg, Sprachbarrieren, Zeitzonenunterschiede, unterschiedliche nationale Regulationen und kulturelle Voraussetzungen.

Internationale Projekte erfordern von allen Teammitgliedern ein Höchstmass an internationaler Kompetenz in allen Dimensionen der Fach-, Methoden-, Sozial- und Persönlichkeitskompetenz. Wie für viele Bereiche des Berufslebens gilt auch beim Projektmanagement das Prinzip «learning by doing». Dennoch kann es auch für Studierende lohnenswert sein, sich bereits während des Studiums in die Grundlagen des Projektmanagements einzuarbeiten und das erworbene Wissen anzuwenden. Eine Seminar- oder Thesisarbeit lässt sich zumindest ansatzweise als Projekt konzipieren.

Kreativität und Diversity

Es gibt einen einfachen Grund, warum Diversity eine so grosse Bedeutung in Management und Personalabteilungen hat: Vielfältige Teams sind in bestimmten Situationen ganz einfach kreativer und erfolgreicher als einheitliche. Wenn es um komplexe Sachverhalte und Probleme geht, schneiden heterogene Teams besser ab, weil sie in der Lage sind, verschiedene Perspektiven einzubringen und damit die blinden Flecken, die Individuen notwendigerweise haben, auszugleichen. Unter der Voraussetzung, dass das Team ein gemeinsames Ziel verfolgt und tolerant gegenüber der Individualität seiner Mitglieder ist, können Kooperationseffekte entstehen. Es geht also darum, kreative Potenziale auszuschöpfen und

TRÜB
S W I T Z E R L A N D

Wir sind ein weltweit führendes und innovatives Schweizer Unternehmen in der Entwicklung, Herstellung, Integration und dem Management von Identifikationslösungen mit international 378 Mitarbeitenden.

Zur Verstärkung unseres Projektleiterteams für staatliche Ausweislösungen im Chipkartenformat und für Reisepasslösungen suchen wir eine Persönlichkeit mit Elan als

Projektleiter/in International

Ihre Aufgaben

Nach einer sorgfältigen, nachhaltigen Einführung und Mitarbeit in Kundenprojekten unserer Business Unit Public Sector im In- und Ausland, übernehmen Sie sukzessive immer mehr Verantwortung bis zur selbständigen Projektleitung. Ihre Aufgaben sind vielseitig: von der Verkaufsunterstützung (Requirements Engineering, Vorstudie) über die Konzeption, Realisierung und Einführung einer Lösung bis zur Kundenabnahme. Dies bedeutet, dass Sie Komponenten (u.a. Chipkarten, Informatikmittel, Datenerfassungs- und Personalisierungsanlagen und Prozesse) den Kundenbedürfnissen anpassen und mit unseren Softwarespezialisten eine Systemlösung realisieren. Eine gewisse Reisetätigkeit ist notwendig.

Unsere Erwartungen

Ein technischer Hochschulabschluss (z.B. Elektroingenieur FH / ETH) sowie Erfahrungen in der Projektmitarbeit mit hohem Informatikanteil, z.B. als Teilprojektleiter, werden vorausgesetzt. Sie trauen sich zu, sicherheitssensitive Software-Anforderungen im vernetzten Client/Server Umfeld zu spezifizieren und deren Entwicklung zu überwachen. Bei internationalen Einsätzen (z.B. Spezifikations-Workshops, Integrationen, Abnahmen) können Sie Ihr Flair im Umgang mit Kunden unterschiedlichster Kulturen und Ihre sehr guten Englischkenntnisse (min. Advanced Level) gewinnbringend einsetzen. Deutsch ist Ihre Muttersprache. Jede weitere Sprache, vor allem Russisch und/oder Portugiesisch / Spanisch sowie eine Projektmanagement Ausbildung/Zertifizierung sind ein Vorteil.

Sie wünschen sich ein selbständiges, anspruchsvolles und abwechslungsreiches Aufgabengebiet, den internationalen Kundenkontakt vor Ort und das Wirken in einem kleinen, schlagkräftigen Team. Offenheit und eine positive Grundeinstellung zeichnen Sie aus. Exaktes und strukturiertes Arbeiten nach internen Projektmanagement-Prozessen ist Ihr Ziel. Sie kommunizieren auf verschiedenen Hierarchiestufen erfolgreich, können sich durchsetzen und behalten auch bei hohem Arbeitsvolumen und in kritischen Situationen den Überblick und die notwendige Ruhe.

Beispiel für ein Stelleninserat im internationalen Umfeld

Innovationen zu schaffen. Diese Leistung ist im Teamwork viel leichter möglich als für Einzelkämpfer. Auch wenn für uns die kulturelle Diversität im Vordergrund steht, ist es wichtig zu betonen, dass auch weitere Kriterien wie Fachgebiet, Alter, Geschlecht und sexuelle Orientierung eine Rolle spielen.

Networking: das Prinzip der Gegenseitigkeit

Networking, also Beziehungen aufbauen, pflegen und weiterentwickeln, ist die letzte Teilkomponente, auf die wir im Rahmen dieser kurzen Übersicht zu den entscheidenden internationalen Kompetenzen eingehen möchten. Sie bedingt eine Grundhaltung der Offenheit gegenüber anderen Menschen. Zwar ist der erste Eindruck auch in interkulturellen Settings wichtig. Aber die Unsicherheit, wer das Gegenüber ist, ist häufig höher als im gewohnten eigenen Umfeld. In vielen Berufen sind Beziehungsmanagement und die kontinuierliche Ausweitung des Netzwerks grundlegende Voraussetzungen für Erfolg.

Wichtig ist, dass mit Networking nicht ein Sammeln von Visitenkarten und die Anhäufung von Freunden auf Facebook gemeint sind. Vielmehr geht es um die Fähigkeit, Beziehungen zu Menschen aus anderen Ländern aufzubauen und zu vertiefen. Dafür braucht es die oben dargestellten Kompetenzen wie internationales Wissen, Fremdsprachenkenntnisse, rhetorische Finessen, Empathie und Anpassungsfähigkeit. In den Arbeitswelten geht es häufig darum, dieses professionelle Beziehungsnetzwerk für sich arbeiten zu lassen, also etwas zu erreichen, was wir alleine nicht erreichen könnten. Dazu ist es nötig, dass wir beim Verfolgen unserer eigenen Interessen Fairness walten lassen und immer auch auf Gegenseitigkeit bedacht sind. Nachhaltig sind Beziehungen nur, wenn alle Beteiligten von den Kontakten profitieren.

Eigene Erfahrungen reflektieren

Interview mit Ariane Curdy, Inhaberin von «Culture Relations»

Nach einem langen Engagement für Médecins sans Frontières und das Internationale Komitee vom Roten Kreuz (IKRK), mit Aufenthalten in einer Vielzahl von Ländern in Afrika, Zentral- und Südostasien, Europa und dem Mittleren Osten, hat Ariane Curdy 2001 die Beratungsagentur «Culture Relations» in Lausanne gegründet. Sie bietet Unternehmen, Hochschulen und NGOs Dienstleistungen im Bereich interkulturelles Management-Training und globale Organisationsentwicklung an. Weitere Informationen unter www.culture-relations.ch.

Retrospektiv betrachtet: Was haben Sie an der Hochschule über internationale Kompetenz gelernt?

1980 habe ich im Bewusstsein ein Studium gewählt, dass ich später im Ausland arbeiten möchte. Ökotrophologie wurde damals an der Universität in Giessen mit der Spezialisierung auf Entwicklungsländer angeboten. Das Studium hat das Internationale im Sinne einer reinen Wissensvermittlung abgedeckt, ohne dabei eine Hilfestellung für interkulturelle Situationen zu geben. Als frankophone Schweizerin, die in Deutschland studiert, hatte ich natürlich eine gewisse Sensibilität für diese Situationen, aber die Universität bot damals eher einen ethnozentristischen Einstieg. Hinsichtlich der Entwicklungsländer hat sich das so geäussert, dass man einfach darüber gesprochen hat, wie wir dem Süden «helfen» können, aber nicht, wie man miteinander zusammenarbeiten kann.

Gab es ein Schlüsselerlebnis, das Ihnen die Bedeutung von internationaler Kompetenz vor Augen geführt hat?

Ich wurde von Médecins sans Frontières ohne ein vorbereitendes Training ins Feld geschickt. Als ich in Niger war und mein gelerntes Wissen anzuwenden versuchte, merkte ich, dass das so nicht funktioniert. Ich war im Ernährungsbereich tätig. Meine Aufgabe bestand darin, Daten zu erheben und Müttern Ernährungsberatungen anzubieten. Die Mütter haben dann immer auswendig gelernt, was sie machen sollten, aber sie wendeten das Wissen natürlich nicht an.

Es dauerte eine Zeitlang, bis ich merkte, dass ich mich eigentlich nicht an die Frauen wenden sollte, sondern eher die Männer, die das Haushaltsgeld kontrollierten. Das war ein Aha-Erlebnis, das dazu führte, dass ich mir über Effizienz Gedanken machte und das an der Universität Gelernte hinterfragte. Ich begann, mich vertieft auf die lokale Gesellschaft einzulassen, mich selbst besser zu verstehen und Brücken zwischen den Kulturen zu schlagen. Damals haben mir allerdings die Tools der Interkulturalität gefehlt, die mir ermöglicht hätten, effektiver zu sein. Heute hat sich die Ausbildungsqualität für Studierende verbessert, und es gibt längere Vorbereitungstrainings, bevor Mitarbeitende von NGOs ins Feld gehen.

Welche Gründe machen Sie dafür aus, dass sich das Feld der Interkulturalität so entwickelt hat?

Ein Grund für die gewachsene Bedeutung der interkulturellen Kompetenz ist, dass Landes- und Kulturgrenzen heute so durchlässig geworden sind. Selbst wenn wir es wollten, können wir uns der Begegnung mit dem Fremden nicht entziehen.

Ariane Curdy, Inhaberin von «Culture Relations»

Begegnung ist das Eine. Aber spätestens wenn wir mit Menschen aus anderen Ländern und Kulturen zusammenarbeiten, wird es schnell herausfordernd. Die Suche nach einem gemeinsamen Nenner und nach gemeinsamen Zielen erweist sich häufig als mühselig und langwierig. Die Allgegenwärtigkeit von interkulturellen Situationen macht die Sache manchmal nicht leichter. Früher führte die Vermischung zu einer gewissen Unsicherheit. Heute sind interkulturelle Begegnungen zur Alltäglichkeit geworden, und wir gehen häufig allzu routiniert mit ihnen um. Die Routine verführt uns, alles als selbstverständlich hinzunehmen und keine Fragen mehr zu stellen. In diesem Sinn ist es manchmal schwieriger geworden, Menschen dafür zu sensibilisieren, wie wichtig eine Reflexion über die eigenen Werte, eine Beobachtung des Verhaltens von anderen und das gemeinsame Gespräch darüber ist.

Die vielfältigen Vernetzungen in unserer Welt führen zu grossen Veränderungen. Ein Beispiel sind die «Third Culture Kids», die uns unter anderem vor Augen führen, dass das Individuum und nicht die Kultur im Vordergrund steht. Vor kurzem habe ich mit einer Frau gearbeitet. Ihre Mutter war Japanerin, der Vater Indonesier, sie ist in Australien aufgewachsen und hat in Singapur ihren Schweizer Mann kennengelernt – ihre kulturelle Identität ist natürlich hochgradig komplex.

Wie gehen Sie mit dieser Komplexität um?

Mein Ansatz führt mich dazu, die eigene Wertehaltung zu erforschen, also zu fragen, welche Kernwerte aus Familie und Umwelt uns prägen. Ein persönliches Beispiel: Als ich zehn Jahre alt war, haben mich meine Eltern während sechs Wochen ganz alleine in der Jugendherberge von La-Chaux-de-Fonds gelassen, damit ich auch im Sommer Eislaufen konnte. Den nächsten Sommer habe ich auf einer Pferdefarm in England verbracht. Meine Eltern haben so meine Unabhängigkeit gefördert. Sie ist ein individueller Grundwert, den ich in meiner Kultur verorten kann. Hier in der Schweiz wird dieser individualistische Wert positiv gesehen, aber im Umfeld meines Lebenspartners in Argentinien sieht man das tendenziell anders.

Gibt es Hinweise dafür, dass das Thema internationale Kompetenz eines Tages wieder von der Agenda verschwinden wird?

Solange multinationale Unternehmen erfolgreich in neuen Auslandsmärkten sein wollen, wird das Thema aktuell bleiben. Viele multinationale Unternehmen haben verstanden, dass sie es sich nicht leisten können, eine länderübergreifende Fusion zu vollziehen und dann wegen Verständigungsproblemen zwischen dem Personal zu scheitern. Oder in einem neuen Markt mit einer unangemessenen

Werbekampagne aufzutreten. Internationale Kompetenz wird immer häufiger als ein unidiologischer Erfolgsfaktor gesehen. Es geht also nicht so sehr um Diversitätsprogramme und -policies, sondern um konkrete Situationen und spezifische Fälle.

Was macht Ihre Arbeit als Beraterin aus?

Für mich steht die externe Wirkung der internationalen Kompetenz im Vordergrund. Kann ich im Kontext, in dem ich mich bewege, angemessen und erfolgreich arbeiten und kommunizieren? Kann ich meine Ziele erreichen? Erfolg muss demnach manchmal umdefiniert werden. Die Einsicht, dass man in gewissen Situationen keinen Erfolg haben kann oder dass es gar nicht wünschenswert ist, Erfolg zu haben, ist auch ein Erfolg.

Wichtig ist die richtige Einstellung, um Zugang zu Menschen mit einem anderen kulturellen Hintergrund zu finden. Der kognitive und verhaltensspezifische Adaptionsprozess, den man bei der Begegnung oder Integration durchläuft, ist entscheidend. Es gilt, die Erfahrungen festzuhalten und zu reflektieren, was man über sich und über andere gelernt hat. William Maddux von der Business School INSEAD nennt das «priming the experience».

Das IKRK wendet dieses Prinzip in der Gruppe an. Nach einer intensiven Vorbereitung gehen die neuen Delegierten zunächst für rund zwei Monate an ihren Einsatzort, bevor sie dann zu einem sogenannten «reinforcement training» wieder zusammenkommen und sich mit kritischen Vorfällen aus dem Feld auseinandersetzen. Aber es gibt auch alternative verwandte Instrumente, wie man Menschen auf effektive Weise darin unterstützen kann, über die eigenen Grundwerte nachzudenken und Raum für flexible Anpassungen auszuloten.

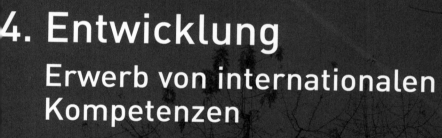

4. Entwicklung

Erwerb von internationalen Kompetenzen

Katharina Kloser

Während der bisher zurückgelegten Wegstrecke haben wir erfahren, was internationale Kompetenz ausmacht und warum sie für den Arbeitsmarkterfolg so wichtig ist. Dieses Kapitel lädt uns zu einer Rast ein. Wir möchten dabei überlegen, wie wir das Hochschulstudium dazu nutzen können, unsere internationale Kompetenz weiterzuentwickeln.

Entscheidungen treffen

Berufliche Chancen zu erkennen und zu nutzen, ist ein wichtiges Element der Laufbahngestaltung. Dies erfordert ein hohes Mass an Eigenverantwortung. Durch den gezielten Erwerb von Schlüsselkompetenzen werden Sie dazu befähigt, Schritt für Schritt ein eigenes professionelles Profil herauszubilden. Wenn Sie vor der Entscheidung stehen, welche internationalen Kompetenzen Sie sich während der Zeit Ihres Studiums aneignen wollen, bedarf es zunächst der Klärung, welche Ziele Sie durch Ihr Studium erreichen möchten. In einem weiteren Schritt wird es darum gehen herauszufinden, wie Ihnen internationale Kompetenz dabei zu Gute kommt und wie Sie diese ausbauen können. Die Karriereberaterin Ursula Axmann geht im Interview am Ende dieses Kapitels näher darauf ein.

Bewusstsein schärfen, Klarheit schaffen

Sie als Studierende können Ihren Werdegang aktiv gestalten. Wenn Sie Ihre eigenen Präferenzen ausloten, geht es zunächst darum, Ihre Wahrnehmung auf Talente und Vorlieben zu richten. Daraus können Sie ablesen, welche Fähigkeiten und Kenntnisse Sie mitbringen, um ihre Zukunftspläne Erfolg versprechend anzupacken. Welche Fähigkeiten haben Sie bis zu diesem Zeitpunkt ausgebaut? Welches Wissen erworben, welche Sachverhalte verstanden? Aufgrund welcher Entscheidungen sind Sie Studierende ihres Fachgebiets geworden? Haben Sie schon eine konkrete Vorstellung davon, was Sie mit Ihrem Hochschulabschluss machen wollen?

Setzen Sie sich mit ihren Zielen, Wünschen, Fähigkeiten und Möglichkeiten auseinander. Eine gut geschulte Wahrnehmung hilft Ihnen dabei, auftretende Fragen zu beantworten, Ideen zu entwickeln und davon ausgehend die nächsten Schritte zu machen. Durch viele Laufbahnen zieht sich ein bestimmtes Interessensgebiet wie ein roter Faden. Und meist setzen wir die Fähigkeiten, die uns auszeichnen, genauso im Alltag wie auch im Berufsleben ein.

Good Practice

An Ihrer Hochschule gibt es Beratungsangebote, die Ihnen weiterhelfen. Dazu zählen internationale Büros, Karrierezentren oder Studierendenvertretungen. Hochschuleigene Career Center beispielsweise beraten Studierende schon ab Studienbeginn darüber, welche Spezialisierungen empfehlenswert und welche Praktika für Ihren eingeschlagenen Weg geeignet sind. Vor allem bieten sie Bewerbungsberatung vor dem ersten Job.

Ursula Axmann, Geschäftsführerin des Career Centers der Wiener Wirtschaftsuniversität (WU) beschreibt ihre Arbeit folgendermassen: «Unsere Aufgabe ist es, die Leute vom ersten Semester an so zu betreuen, dass sie sich dann am Ende ihres Studiums relativ leicht tun, den Job, den sie gerne hätten, auch zu bekommen. Es gibt sehr viele Studierende, die ganz genau wissen, was sie später tun wollen. Aber es gibt auch Studierende, die am Ende des Studiums sind und Orientierungshilfe suchen, weil sie durch die Vielzahl an Möglichkeiten überfordert sind. Wir bieten für die gesamte Bandbreite an Studierenden Beratung und Unterstützung an. Das ist eine wichtige Aufgabe des Career Centers. Es gibt nicht den typischen WU-Absolventen. Das sind 2000 unterschiedliche Personen, die ganz unterschiedliche Vorstellungen von ihrer Zukunft haben. Darum ist es so wichtig, auf jede Person individuell einzugehen.»

Der Blick in die Vergangenheit

Internationale Kompetenz steckt in uns allen. Wir müssen sie nur aktivieren, schulen und erweitern. Dafür lohnt sich ein Blick in die Vergangenheit und auf die Gegenwart. Probleme, mit denen wir im Laufe unseres Lebens konfrontiert sind, lösen wir mit Hilfe unserer persönlichen Kompetenzen und durch unser Wissen. Wir aktivieren dieses Wissen und diese Kompetenzen einmal unbewusst, ein andermal bewusst, um erfolgreich unseren Weg zu gehen.

Dies gilt nicht nur für die Wahl unseres Studiums. Die Auseinandersetzung damit, welche persönlichen Kompetenzen Sie immer wieder gewinnbringend einsetzen, liefert eine wertvolle Ressource für die konkrete Entscheidung, auf welchem Wege Sie Ihre Kompetenzen ausbauen wollen. Der Blick in unsere Vergangenheit lohnt sich, um uns bewusst zu machen, was uns im Besonderen auszeichnet, wo unsere Interessen und Fähigkeiten genau liegen und wie diese dem Studium und unserem weiteren Lebensweg zu Gute kommen können.

Für die Feststellung, wo Sie bereits international kompetent agiert haben, hilft der Blick zurück auf Begegnungen mit Menschen, die unseren kulturellen Hintergrund nicht teilen. Wie gut gelingt es uns, sich unserem Gegenüber verständlich zu machen oder eine zunächst unnachvollziehbare Handlung einer anderen Person zu verstehen? In den USA ist es beispielsweise üblich, sich gleich beim Kennenlernen für ein weiteres Treffen zu verabreden. Dies ist dabei eher als eine höfliche Geste zu verstehen und wird nicht zwingend in die Tat umgesetzt. Auch wenn es in der Situation schwierig sein mag – solche Begegnungen und die Auseinandersetzung mit unterschiedlichen Herangehensweisen tragen zur Herausbildung unserer Kompetenz bei.

Tipp

Überlegen Sie, wie Sie sich auf Reisen verhalten. Reisende sind auf ihrer Route dem Fremden ausgesetzt. Die Einen tauchen sehr spontan und unbekümmert in eine fremde Welt ein, sind kontaktfreudig und gehen schnell auf andere Leute zu. Andere wiederum sind zögerlicher und beobachten gerne zunächst, wie der Alltag in einer anderen Region aussieht, bevor sie aktiv werden.

Wie geht es Ihnen selbst? Sind Sie interessiert an den Unterschieden und den Gemeinsamkeiten der Menschen, die Sie auf Ihrem Weg treffen? Interessieren Sie sich mehr für die Landschaft? Verreisen Sie lieber in die Ferne oder bevorzugen Sie Urlaub in gewohnten Gefilden? Auch die Organisation von Reisen kann sehr unterschiedlich angegangen werden. Man kann alles auf sich zukommen lassen und dann spontan Entscheidungen treffen, wo man schlafen und wo der nächste Zwischenstopp liegen soll. Oder aber man kann alles vorher im Detail planen.

Wie wir eine Reise angehen und erleben, kann uns Hinweise darüber liefern, wie sehr es uns liegt, uns auf Ungewohntes einzulassen, daraus Freude zu ziehen und neue Sichtweisen kennen zu lernen. Die Auseinandersetzung mit Ihren bisherigen Reiseerfahrungen zeigt auf, welches Potenzial Sie besitzen, um ungewohnte Situationen zu meistern. Der Blick darauf, wie Sie vergangene Situationen gemeistert haben, kann Ihnen helfen, Bereiche zu identifizieren, in denen Sie besondere Kompetenzen besitzen.

Blick auf die Gegenwart

Die Zeit des Studiums bietet eine optimale Gelegenheit, sich um den Auf- und Ausbau von internationaler Kompetenz zu kümmern. Auf den folgenden Seiten werden wir Sie darüber informieren, was konkret Sie während des Studiums dazu tun können. Dazu zählen fachliche Vertiefung, Auslandaufenthalte sowie extracurriculare Aktivitäten.

Fachliche Aspekte

Egal, welches Studium Sie absolvieren und in welcher Studienphase Sie sich gerade befinden: Internationale Inhalte finden sich in jedem Studium vom ersten bis zum letzten Studiensemester. Studienfächer wie Internationale Beziehungen oder International Management sind als Ganzes auf Internationalität ausgerichtet. Auch in vielen anderen Fächern finden sich nicht selten Module mit internationaler Ausrichtung.

Der Blick auf die Theorien und Wissensbestände eines jeden Studienfachs verrät uns, dass die fachlichen Erkenntnisse von Forschenden aus den unterschiedlichsten Ländern und Hochschulsystemen stammen. Oft genügt es, die uns ausgehändigten Literaturlisten zu überfliegen, um sich vor Augen zu führen, aus welch vielfältigen Gebieten und Regionen spezifische Fachkenntnisse stammen.

Internationales Wissen wird auch anhand der Unterrichtsmethoden in Ihren Vorlesungen und Seminaren sichtbar. Dabei nehmen komparative Ansätze einen hohen Stellenwert ein. Wichtig ist auch die Auseinandersetzung mit globalen Fragestellungen wie beispielsweise der Klimaerwärmung, dem globalisierten Dorf, Migrationsströmungen, Global Health oder der Weltwirtschaft.

Sprache ist ein wichtiger Aspekt der internationalen Kompetenz (→ Kapitel 3). An vielen Hochschulen wird fremdsprachiger Fachunterricht in den Studiengängen oder mittels speziell definierter Module angeboten, wobei die globale Wissenschaftssprache Englisch die verbreitetste Fremdsprache ist.

Tipp

Es ist eine originelle Möglichkeit, Lerngruppen mit Ihren Mitstudierenden zu bilden, um sich internationale Themen und Wissensbestände anzueignen. So lernen Sie, sie zu analysieren und zu hinterfragen. Es hilft aber auch, internationale Gaststudierende persönlich kennenzulernen. Achten Sie deshalb auf eine bunte Zusammensetzung.

Auch unter Ihren Mitstudierenden finden sich mit Sicherheit Personen, die aus einem ganz anderen Umfeld als Sie selbst stammen und deren Sicht-

---

weisen und Kompetenzen Ihre eigenen ergänzen. Die gemeinsame Erarbeitung eines Themas mit unterschiedlichen Herangehensweisen kann dazu beitragen, einen nachhaltigen Lernerfolg zu sichern. Sie erfordert aber auch Konzentration und eine offene Haltung gegenüber andern Ansichten. Eine heterogene Lerngruppe hat also den angenehmen Nebeneffekt, dass Sie mit unterschiedlichen Sichtweisen umgehen lernen und Ihre Teamfähigkeit ausbauen können.

Internationale Vorträge und Fachkonferenzen

Um den internationalen Austausch und die Vernetzung zu fördern, lädt Ihre Hochschule regelmässig ausländische Gastlehrende ein. Sie können diese Dozierenden teils im Rahmen von Vortragsreihen, teils in Ihren regulären Vorlesungen hören und dadurch mit neuen Diskursen in Berührung kommen. Oft werden diese Lehrveranstaltungen in einer anderen Sprache abgehalten. Damit können Sie Ihre Fremdsprachenkenntnisse erweitern.

Ein Ort lebendigen Austauschs über aktuelle Fragestellungen Ihres Fachbereichs sind internationale Fachkonferenzen. Hier treffen sich Fachleute, um den aktuellen Stand ihrer Forschung zu besprechen und neue Methoden zu diskutieren. Der Austausch über die aktuellen Entwicklungen des Arbeitsfelds ist hier genauso wichtig wie die Beziehungspflege und das Lancieren von neuen Projekten. Fachkonferenzen sind ein wunderbarer Ort, um zu sehen, aus welchen Menschen sich Ihre Disziplin zusammensetzt und welches Fachwissen dahinter steht. Etliche Fachkonferenzen stehen auch für Studierende offen – sei es für eine Teilnehme in Begleitung von Lehrenden, sei es in der Rolle als Support Staff Ihrer Hochschule oder einfach für Sie selbst als Auditoren und Auditorinnen. In einigen Fällen können Sie vielleicht sogar selbst wertvolle Inhalte präsentieren.

Internationale Themen für Projekt-, Seminar- und Abschlussarbeiten

Haben Sie sich schon Gedanken darüber gemacht, worüber Sie ihre Seminararbeit oder sogar Ihre Abschlussarbeit schreiben wollen? Die Bearbeitung international relevanter Fragestellungen in Ihrer Bachelor- oder Masterarbeit ermöglicht Ihnen eine intensive Auseinandersetzung mit internationalen Diskursen und Wissensbeständen. Wenn an Ihrem Studiengang die Möglichkeit besteht, Ihre Abschlussarbeit mit einer Forschung zu verbinden, erhalten Sie vielleicht die Chance, im Zuge Ihrer Arbeit ins Ausland zu reisen. Viele Hochschulen unterstützen solche Vorhaben mit einem entsprechenden Stipendium, so dass ein Teil Ihres finanziellen Aufwands abgedeckt wird.

Internationale Erfahrung durch horizontale Mobilität

Sie können den Erwerb von internationaler Fachkompetenz durch eine Auslanderfahrung ergänzen, indem Sie einen Teil Ihres Studiums im Ausland verbringen. Dies ist die vielleicht schönste Weise, Ihren Fachbereich aus einer neuen Perspektive betrachten zu lernen und Ihren Wissenshorizont zu erweitern: einmal aus der gewohnten Umgebung ausbrechen, neue Leute kennen lernen und in Gesprächen mit ihnen Fremdsprachenkenntnisse anwenden. In eine andere Hochschulorganisation hineinschnuppern, alternative Sichtweisen und Lebensweisen entdecken, auf Gemeinsamkeiten stossen, in ungewohnten Situationen schnell richtig reagieren lernen, die eigenen Grenzen ausloten, Ängste überwinden – die Liste liesse sich fortsetzen. Kurz: Ein Auslandaufenthalt bereichert uns mit Erfahrungen, von denen wir auf unserem Lebensweg immer wieder zehren können.

Einige Studiengänge sehen obligatorische Auslandaufenthalte oder zumindest Mobilitätsfenster vor. In der Regel steht es Ihnen als Studierende jedoch frei, ein Auslandsstudium bzw. -praktikum zu absolvieren. Das bedeutet, dass Sie vor dem Aufenthalt mit Hilfe eines sogenannten Learning Agreements die Inhalte des Studiums an einer Partnerhochschule (bzw. beim Praktikum an einer vom Studiengang anerkannten Praktikumsstelle) aushandeln. Nach erfolgreicher Absolvierung werden Ihnen die Kurse bzw. wird das Praktikum an Ihrer Heimathochschule angerechnet. Es kann sein, dass Sie gewisse Kriterien erfüllen müssen, um für einen Auslandaufenthalt im Rahmen Ihres Studiums akzeptiert zu werden, etwa bestimmte Sprachkenntnisse oder einen gewissen Notendurchschnitt vorweisen müssen.

Tipp

Durch das ERASMUS-Programm der Europäischen Union werden Studierende finanziell bei Ihrem Auslandaufenthalt unterstützt. Sie können sich an Ihrer Hochschule auf ein ERASMUS-Stipendium bewerben, das Sie in Form eines monatlichen Zuschusses bei Ihrem Auslandsstudium oder -praktikum unterstützt. Mit ERASMUS können Sie einen Studienaufenthalt an einer Partnerhochschule oder ein Praktikum bei einer durch Ihren Studiengang anerkannten Firma, Organisation oder Hochschule absolvieren. Die Dauer der Studienaufenthalte bzw. Praktika muss mindestens 91 Tage und kann maximal 12 Monate betragen. Nähere Informationen zu ERASMUS erfahren sie unter: www.ch-go.ch

Ziele setzen

Mit Blick auf das breite fachliche, soziale und freizeitliche Spektrum an potenziellen Mobilitätszielen empfehlen wir, sich vorgängig Klarheit über Ihre Ziele und Motive für einen Auslandaufenthalt zu verschaffen. Auf dieser Basis können Sie auch durch eine gezielte Vorbereitung und Steuerung Ihres Aufenthaltes die Lerneffekte maximieren. Es zeigt sich immer wieder, dass jene Studierende, die sich aktiv mit der Gesellschaft und dem Bildungssystem des Gastlandes auseinandergesetzt haben, deutlich stärker und langfristiger von ihrem Auslandaufenthalt profitieren. Interesse an der anderen Kultur erleichtert es in der Regel auch, Kontakt zu lokalen Studierenden aufzubauen oder von den Veranstaltungen der lokalen Dozierenden zu profitieren. Die Hochschule selbst ist ein kultureller Raum mit jeweils eigenen Werten, Normen, Sprachen und Strukturen, die bestimmte Handlungsanreize setzen.

An Ihrer Hochschule gibt es Lehrende, die für Internationales zuständig sind und die Sie in einem Erstgespräch über mögliche ausländische Partnerhochschulen informieren können. Die internationalen Büros an Ihrer Hochschule begleiten Sie bei der organisatorischen Vorbereitung und Umsetzung des Auslandaufenthalts. Eventuell bieten sie einen Ausreise-Vorbereitungsworkshop an oder geben Ihnen Impulse, wie Sie Ihren Auslandaufenthalt zu einem anregenden Lernerlebnis machen.

Good Practice

Sich der eigenen Gefühle während eines Auslandaufenthalts bewusst zu werden und Gedanken zu interkulturellen Begegnungen nachzugehen, ist ein wertvolles Unterfangen. Dies erfordert meist ein gewisses Mass an Geduld und Konzentration. Zum Glück gibt es Instrumente, die uns dabei unterstützen. Um prägende Momente zu verarbeiten, hilft beispielsweise das Schreiben eines Tagebuchs. Sie können in Ihren Einträgen festhalten, was Sie erlebt haben und was das Erlebte in Ihnen ausgelöst hat. Solche Reflexionsarbeit muss aber nicht im stillen Kämmerlein geschehen. Sie können sich auch mehr oder weniger regelmässig mit einer vertrauten Person treffen und gemeinsam Ihre Erfahrungen austauschen.

Teilnahme an Kurzprogrammen

Da viele Studiengänge wenig Freiraum für ein freiwilliges Auslandsemester bieten, lohnt es sich, die Vorzüge von Kurzprogrammen zu prüfen. Dazu gehören beispielsweise Studienreisen im Ausland und Summer Schools. Bei Summer Schools finden Lehrende und Studierende aus unterschiedlichen Hochschulen während der vorlesungsfreien Zeit zusammen, um gemeinsam eine spezifische Fragestellung zu erarbeiten und die Möglichkeit des fachlichen Austausches zu nutzen.

Double und Joint Degrees

In vielen Fachdisziplinen werden heute sogenannte «Double Degrees» und «Joint Degrees» angeboten. Dies bedeutet, dass Sie nicht nur an einer Hochschule Ihre Kurse belegen; die Lehrpläne wurden in Zusammenarbeit mit ein oder zwei ausländischen Partnerhochschulen entwickelt, an denen Sie einen Teil Ihres regulären Studiums absolvieren werden. Im Rahmen von bi- oder trinationalen Studiengängen funktioniert auch der Rückbezug von während des Auslandaufenthaltes Erlebtem und Gelerntem auf das weitere Studium besser als bei herkömmlichen Auslandsemestern.

Vertikale Mobilität

Mit der Einführung der neuen Studienstruktur durch die Bologna-Reform steht Studierenden heute die Möglichkeit offen, unterschiedliche Bachelor- und Masterstudiengänge zu kombinieren. Studierende aus den Geistes-, Sozial- und den Wirtschaftswissenschaften, die eine internationale Laufbahn im Blick haben, können z.B. prüfen, ob Ihnen folgendes Studienmodell Wettbewerbsvorteile bringt:

ein generalistischer Bachelorstudiengang im Inland, um eine breite Grundlage für einen spezialisierten Master zu schaffen, den man dann im Ausland absolviert. Selbstverständlich gibt es auch Alternativen, um spezielle Fachkompetenzen aufzubauen.

Virtuelle Mobilität und neue Medien

Als wertvolle Ressource, um neue Lernmethoden kennen zu lernen und sich innerhalb des eigenen Fachbereichs zu vernetzen, hat sich zunehmend die Nutzung von neuen Medien im Unterricht herausgestellt. So ist es an vielen Hochschulen möglich, mittels E-Learning einen Kurs an der Heimatschule zu absolvieren, der aber von ausländischen Dozierenden gestaltet wird. Damit kommen Sie ohne grossen Aufwand mit anderen Hochschulen in Kontakt und profitieren von ihrem Wissen. E-Learning, «virtual classrooms» und andere Instrumente stellen manchmal attraktive Optionen dar, um die herkömmliche Mobilität zu ergänzen oder sogar zu ersetzen. Das ist besonders dann der Fall, wenn sie die interkulturelle Zusammenarbeit fördern.

Extracurriculare Aktivitäten

Zusätzlich zur fachlichen Auseinandersetzung mit internationalem Wissen und dem Studium im Ausland gibt es eine überraschend grosse Reihe an extracurricularen Aktivitäten, mit denen Sie Ihre internationale Kompetenz gezielt fördern und anwenden können. Ein angenehmer und naheliegender Weg, zu Hause internationale Luft zu schnuppern, ist die Teilnahme an Freizeitveranstaltungen auf Ihrem Campus. An den meisten Hochschulen organisieren die Studierendenvereinigungen regelmässig Aktivitäten, durch die Sie mit Studierenden unterschiedlichster Herkunft in Kontakt kommen. Dazu zählen beispielsweise Exkursionen zu geschichtlichen Schauplätzen in Ihrer Umgebung. Wieder andere Hochschulen organisieren regelmässig Kinoabende mit fremdsprachigen Filmen. Sich auch ausserhalb des regulären Studienbetriebs mit Mitstudierenden und anderen Vertretern und Vertreterinnen Ihrer Hochschule zu treffen, trägt somit auch zur Schulung Ihrer internationalen Kompetenz bei.

Betreuung ausländischer Gaststudierender

Auch direkt an Ihrer Heimathochschule bietet sich die Gelegenheit, Menschen aus aller Welt kennen zu lernen. «Buddys» sind dazu da, ausländischen Gaststudierenden den Einstieg in ihr Studium oder Praktikum zu erleichtern. Sie unterstützen die Neuankömmlinge bei organisatorischen Angelegenheiten wie dem Bezug eines

Studierendenheimes, begleiten sie bei ihrem ersten Besuch an der Gastinstitution und führen Sie generell in das Leben in der neuen Stadt ein.

Sich als Buddy zur Verfügung zu stellen, bietet Ihnen die optimale Gelegenheit, in Kontakt mit neuen Leuten zu kommen, in Austausch mit jemandem zu treten, der Ihre gewohnte Umgebung vielleicht unter ganz neuen Aspekten betrachtet. Und wer weiss, vielleicht kommt er oder sie aus einer Region, in die Sie immer schon einmal näheren Einblick bekommen wollten.

Tipp

Eine schöne Gelegenheit, mit Studierenden aus aller Welt in Austausch zu treten, ist das Erasmus Student Network (ESN). Dieses besteht aus Studierenden, die schon einen Auslandaufenthalt hinter sich haben und nun Ihrerseits Studierenden zur Seite stehen, die diesen Schritt noch vor sich haben. Zudem bietet das ESN eine Plattform, um sich mit Gleichgesinnten über Möglichkeiten und Herausforderungen der Internationalisierung auszutauschen und gemeinsam Aktionen zu planen und umzusetzen. Nähere Informationen unter: www.esn.ch.

Sprachkurse

In den meisten Studien ist es von grossem Vorteil, Ihr Profil durch Sprachkenntnisse zu schärfen. Doch nicht alle Studienfächer bieten im Rahmen des Studiums Sprachkurse an. Oder Sie benötigen Sprachkenntnisse in einer Sprache, die an Ihrer Hochschule nicht angeboten wird. Überlegen Sie sich, welche Sprachen für Ihr Studium besonders relevant sein könnten und in Ihrem Zielberufsfeld benötigt werden. An vielen Hochschulen sind Sprachzentren eingerichtet, die eine Bandbreite an Fremdsprachenkursen abdecken. Wenn dies nicht der Fall sein sollte, informieren Sie sich an anderen Hochschulen in Ihrer Umgebung, welche Sprachkurse dort angeboten werden. Oft erhalten Sie günstige Studierendentarife.

Interkulturelle Trainings und Coachings

Interkulturelle Trainings werden nicht in jedem Studium angeboten. Falls Sie sich dafür interessieren, können Sie an Weiterbildungszentren Kurse zu interkultureller Kompetenz besuchen. In den deutschsprachigen Ländern existiert ein breites Angebot an Workshops, die mit Trainingstechniken wie angeleiteten Rollenspielen, Simulationen und Übungen sowie moderierten Gruppenarbeiten (kritische Vorfälle, Fallstudien, etc.) arbeiten. Auch der Einsatz von softwarebasierten Simulationen und Spielen kommt in diesem Rahmen immer häufiger vor.

Während interkulturelle Trainings meist in Gruppen stattfinden, ist ein Coaching eine individualisierte Form. Ein Coach analysiert mit Ihnen zusammen bestimmte interkulturelle Situationen und unterstützt Sie dann dabei, neue Handlungsstrategien zu erarbeiten. Wenn Sie sich für interkulturelle Trainings und Coachings interessieren: Ariane Curdy beschreibt im Interview (→ Kapitel 3), wie sie selbst in ihrer Arbeit vorgeht.

Erwerbstätigkeit neben dem Studium

Die Erwerbstätigkeit neben dem Studium, sei es während des Semesters, in den Semesterferien oder beides, gehört heute für viele Studierende zum Alltag. Eventuell ist es Ihnen möglich, einen Nebenjob in einem internationalen Konzern anzutreten und einschlägige Betriebe durch ein Praktikum von Innen kennen zu lernen. Auch international tätige Organisationen wie die UNESCO nehmen Praktikanten und Praktikantinnen auf. Diese Praktika sind aufgrund ihres Renommees und der Tatsache, dass sich Ihnen danach viele Türen öffnen, naturgemäss auch sehr schwer zu ergattern. Die Erfahrung zeigt aber, dass es gelingen kann, wenn man sich genug für dieses Ziel einsetzt.

Doch auch in Branchen, die gar nicht unmittelbar mit Ihrer zukünftigen Betätigung zu tun haben müssen, lässt sich durch die Ausübung eines Nebenjobs internationale Kompetenz schulen. Bewerben Sie sich bei der Rezeption einer Ihrer örtlichen Jugendherbergen oder fragen Sie beim Tourismusbüro in Ihrer Stadt nach; vielleicht werden gerade Mitarbeitende gesucht. Oder werden Sie Fremdenführer oder Fremdenführerin in Ihrer eigenen Stadt. In diesen und ähnlichen Jobs kommen Sie in Berührung mit Menschen, die nicht aus der Gegend sind und bauen auf professioneller Ebene Ihre interkulturelle Kompetenz und Beratungsfähigkeit aus.

Engagement in Vereinen und ehrenamtliche Tätigkeiten

Das Engagement in Vereinen, die international vernetzt und interkulturell zusammengesetzt sind, ist ein guter Weg, um internationale Kontakte für die Zukunft zu knüpfen. Der Verein IAESTE ist zum Beispiel darauf ausgerichtet, eine Plattform für international interessierte Technikstudierende zu bieten, und vermittelt zudem Praktika in mehr als 80 Länder. AIESEC wiederum konzentriert sich auf die Förderung von zukünftigen Führungspersönlichkeiten. Durch eine Vereinsmitgliedschaft kommen Sie mit Gleichgesinnten aus aller Welt zusammen und tätigen eine wertvolle Investition in Ihre Zukunft. Auch NGOs und Stiftungen in Bereichen wie Menschenrechte, fairer Handel etc. bieten vielfältige Betätigungsfelder.

Auch durch die Ausübung einer ehrenamtlichen Tätigkeit lässt sich internationale Kompetenz gezielt fördern. Wenn Sie zum Beispiel in einem Integrationsprojekt für ausländische Mitbürger und Mitbürgerinnen mitarbeiten, bekommen Sie nicht nur die Gelegenheit, sich gesellschaftlich zu engagieren, sondern Sie kommen dabei auch mit Menschen mit unterschiedlichsten kulturellen und sozialen Hintergründen in Kontakt. Dieser Austausch kann sehr bereichernd sein.

Freizeitaktivitäten mit internationaler Note

Viele Aktivitäten, die wir aufgrund privater Interessen in unserer Freizeit ausüben, tragen zur Entwicklung von internationaler Kompetenz bei. Es lohnt sich daher, einen näheren Blick auf diese Tätigkeiten zu werfen und zu überlegen, wie sie dazu beitragen, internationale Kompetenz zu entwickeln.

Eine ganze Reihe von Sportarten, die sich hierzulande grosser Beliebtheit erfreuen, stammt aus anderen Kulturen. Die Sportarten erzählen uns einiges über andere Lebenswelten, wenn wir uns neben deren Ausübung auch mit ihren Hintergründen beschäftigen. Denken Sie an Yoga, Jiu Jitsu, Taekwondo, Capoeira, Qui Gong oder Fussball. Lassen Sie sich auf die kulturelle Einbettung dieser Sportarten ein und geniessen Sie zu einem trainierten Körper zusätzlich kulturelles Training.

Auch unsere kulinarischen Vorlieben erstrecken sich nicht selten über den ganzen Erdball. Sind Sie Fan der arabischen Küche, der chinesischen, griechischen, der französischen? Oder darf es lieber etwas Spanisches, Italienisches oder Türkisches sein? Belegen Sie einen Kochkurs und erfahren Sie auf diese Weise etwas über das Land, aus dem die Köstlichkeiten stammen.

In die internationale Welt der Unterhaltung und Medien eintauchen

Nicht zuletzt die Unterhaltungsindustrien und Informationsmedien sind eine Spielwiese des Internationalen. So existiert mittlerweile ein breites Angebot an internationaler Filmkultur. In zahlreichen Städten werden internationale Filmfestivals abgehalten, Programmkinos zeigen Arthouse-Filme aus anderen Filmländern. Durchforsten Sie die Programmguides Ihrer Stadt und gehen Sie mit Ihren Freunden ins Kino. Oder gehen Sie beim Bahnhof vorbei und kaufen sich eine Ausgabe der spanischen «El País», der französischen «Le Monde», des englischen «Guardian» oder der amerikanischen «New York Times». Dies ist eine gute Methode, um lesend zu erfahren, wie in anderen Teilen der Welt das lokale Geschehen und das Weltgeschehen dokumentiert und interpretiert wird. Wenn Sie eher der literarische Typ sind, versuchen Sie einmal, Ihre Lieblingsautoren und -autorinnen in ihrer Originalsprache zu lesen.

«Reisen bildet»

Beim Reisen zahlen sich für die Förderung von internationaler Kompetenz besonders die Angebote von interessanten Reiseveranstaltern oder Instituten aus, die unterschiedliche Studienreisen oder Auslandsexkursionen zu bestimmten Themen anbieten. Solche Reisen zu einem spezifischen Thema, wie etwa eine Wanderreise nach Peru, um das Reich der Inka zu erleben, sind eine intensive Möglichkeit, ein Land näher kennen zu lernen und stärker auf Themen einzugehen, mit denen Sie sonst vielleicht nicht so stark in Berührung kommen würden. Individuell ausgerichteten Menschen fällt es meist schwer, in Gruppen zu reisen. Da bietet Interrail eine passende Alternative. Erproben Sie Ihre Abenteuerlust und lernen Sie, über einen längeren Zeitraum Ihr Organisationsgeschick und ihre Kontaktfreudigkeit auszubauen.

Erinnern Sie sich aber auch an den Hinweis in → Kapitel 3, dass sich internationale Erfahrungen nicht automatisch in entsprechender Kompetenz niederschlagen. Sich auf Reisen auf eine vertiefte Reflexion mit den gemachten Erfahrungen und Verhaltensweisen einzulassen, bedarf einiger Konsequenz.

Good Practice

Der Austausch mit Menschen aus anderen Ländern, sei es bei sich zu Hause oder im Ausland, zählt zu einer wertvollen Erfahrung im Aufbau internationaler Kompetenz. Die Organisation CouchSurfing (www.couchsurfing.org) ermöglicht Reisenden durch ihre Vernetzungstätigkeit weltweit die Kontaktaufnahme mit Einheimischen und sorgt so für ein einzigartiges Reiseerlebnis.

Als Mitglied von CouchSurfing können Sie angeben, wie intensiv Sie sich selbst involvieren wollen, wenn Sie Besuch erhalten. Die Bandbreite erstreckt sich vom Angebot, mit Reisenden auf einen Kaffee zu gehen und Ihnen kulturelle Tipps mitzugeben, bis zur Möglichkeit, ihnen einen Schlafplatz anzubieten und mit ihnen gemeinsam Ihre Stadt zu erkunden. Und wenn Sie selbst ausser Landes reisen, findet sich an ihrer Reisedestination oft ein CouchSurfer oder eine CouchSurferin, der oder die Sie bei sich aufnimmt und Ihnen die Region näherbringt. Auf der Website können Sie sich registrieren und in die Welt des CouchSurfings eintauchen.

Das richtige Mass finden – Überforderung vermeiden

Die vorgehenden Seiten haben uns gezeigt, dass es während der Studienzeit nicht an Möglichkeiten zur Erlangung internationaler Kompetenz mangelt. Gerade wegen der Fülle des Angebots ist es für die Planung und Durchführung Ihres Studiums jedoch wichtig, die für Sie passenden Bausteine für Ihre Laufbahnentwicklung so zusammenzustellen, dass sie auch tatsächlich zielführend sind.

Als Studierende sehen Sie sich heute mit einer Vielzahl von Anforderungen konfrontiert, wenn es darum geht, Ihr Studium erfolgreich abzuschliessen und mit Ihren dadurch erworbenen Kenntnissen den Einstieg ins Berufsleben zu finden. Viele Studierende machen die Erfahrung, dass es nicht mehr genügt, das im Lehrplan vorgeschriebene Studienpensum erfolgreich zu absolvieren. Zusätzlich erworbene Kompetenzen scheinen eine Voraussetzung dafür zu sein, um mit Erfolgsaussichten am Stellenwettbewerb teilnehmen zu können. Relevante Berufserfahrung, Fremdsprachenkenntnisse, Auslanderfahrung

Die Gefahren des «All-you-can-eat-Buffets»

Es bedarf heute mehr denn je einer guten Planung, um nicht unter einem Berg von Ansprüchen begraben zu werden und um sich nicht mit der Aufnahme von zu vielen Aktivitäten zu übernehmen. Chancen zu nutzen, die sich innerhalb Ihres Studiums ergeben, sind nicht zuletzt unter dem Aspekt der Ressourcenschonung eine der zielführendsten Möglichkeiten zur Aneignung interkultureller Kompetenz. Denn wie bei einem All-you-can-eat-Buffet ist es nicht sinnvoll, sich den Bauch mit all dem angebotenen Essen voll zu schlagen, nur weil es eben vor uns aufgetischt ist. Die Wahrscheinlichkeit ist hoch, dass wir, wenn wir von allem und dann auch noch zuviel konsumieren, mit Magenschmerzen ein böses Erwachen haben. Viel eher gilt es, die Speisen auszusuchen, die uns bekommen und worauf wir gerade Appetit haben. Lassen Sie einmal etwas stehen, auch wenn es noch so verlockend scheint.

Der Mut, sich auf Neues einzulassen

Interview mit Ursula Axmann, Geschäftsführerin des WU ZBP Career Centers, Wirtschaftsuniversität Wien (WU)

In ihrem eigenen Studium an der WU hat sich Ursula Axmann auf Personalwirtschaft, Handel und Marketing sowie Wirtschaftspädagogik konzentriert. Die gebürtige Niederösterreicherin hat mehrere Studien- und Arbeitsaufenthalte in den USA absolviert. Ihre beruflichen Stationen führten Ursula Axmann vom Lebensmittelhandel in den Bankenbereich, danach ins Kulturmanagement und 1996 zurück an die WU. Seit 2005 ist Ursula Axmann Geschäftsführerin des WU ZBP Career Centers. Daneben begleitet sie Beratungsprojekte für die Gründung von Career Centers an nationalen und internationalen Universitäten und arbeitet in unterschiedlichen EU-Projekten mit. Seit 2010 ist Ursula Axmann auch Vorsitzende des Dachverbandes der österreichischen Career Center.

Inwiefern spielen internationale Erfahrungen in Ihrer bisherigen Berufslaufbahn eine Rolle?

Ich selbst habe während meines Diplomstudiums in Amerika studiert. Das war damals noch aussergewöhnlich und etwas Atypisches. Mittlerweile hat sich viel geändert: Wenn Absolvierende einer Hochschule heute keine Auslanderfahrung im Lebenslauf vorweisen können, müssen sie sich dafür nahezu verteidigen. Im Rahmen meines Doktoratsstudiums war ich ein zweites Mal in den USA und habe dort ein Praktikum mit einem weiteren Aufenthalt an der Uni kombiniert. Ich empfand es als grosse Bereicherung, eine andere Kultur kennenzulernen, für längere Zeit am Alltagsleben in einem anderen Land teilzuhaben und mich in einem neuen Rahmen zurechtzufinden, mich dabei auch selbst wiederzufinden. Mit neuen Menschen in Kontakt zu treten, die einen anderen kulturellen Background haben, als man aus der Distanz vermuten würde, war eine bedeutsame Lebenserfahrung für mich.

Welche internationalen Kompetenzen sind für Studierende besonders wichtig?

Internationale Kompetenz hängt für mich stark mit Sprachkenntnissen zusammen. Es ist kaum möglich, in einem Land Fuss zu fassen, wenn man die dort gesprochene Sprache nicht beherrscht. Das beobachte ich auch bei ausländischen Gaststudierenden, die nicht oder nur wenig Deutsch sprechen. Für sie ist es extrem schwierig, ein Praktikum oder eine Absolventenposition zu finden. Neben guten Sprachkenntnissen zählen für mich Offenheit, Aufgeschlossenheit, Feingefühl und

Ursula Axmann, Geschäftsführerin des WU ZBP Career Centers,
Wirtschaftsuniversität Wien (WU)

Respekt im Umgang mit anderen zu den Faktoren, die internationale Kompetenz ausmachen.

Was für eine Rolle spielt internationale Kompetenz, wenn es um die Laufbahnplanung von Studierenden geht?

Egal ob man sich innerhalb des Heimatlandes oder international bewirbt: Internationale Kompetenz ist definitiv ein Kriterium, auf das Firmen achten. Man verbindet damit zum Beispiel den Mut sich darauf einzulassen, einmal über den Tellerrand hinauszublicken. Firmen schätzen das. Es ist jedenfalls empfehlenswert, schon während des Studiums auf die eine oder andere Weise internationale Erfahrung zu sammeln.

Streben viele Studierende bei Ihnen eine internationale Karriere an?

Es ist interessant, dass sehr viele österreichische Studierende während des Studiums Auslandaufenthalte absolvieren. Das Interesse an langfristigen internationalen Positionen nach Studienende ist aber lange nicht so ausgeprägt. Sobald ein konkretes Stellenangebot in Rumänien, London oder Spanien auf dem Tisch liegt, machen viele wieder einen Rückzieher. Oft liegt dies an der Bereitschaft und am Mut, das vertraute Umfeld, vor allen das soziale Umfeld, zu verlassen. Da gibt es einen Partner, eine Partnerin, einen Freundeskreis, Familie. Wir erleben es regelmässig, dass Absolvierende sich für internationale Positionen bewerben, ihre Unterlagen entsprechend vorbereiten, das erste Interviewgespräch machen und wenn dann das Angebot für eine zweite Gesprächsrunde vor Ort kommt, machen viele einen Rückzieher. Es braucht Mut, um einen solchen Schritt konkret zu wagen.

Was braucht es noch?

Man muss sehr motiviert sein, sich auf etwas Neues einzulassen. Sprache ist ein grosses Thema. Sich darauf einzulassen, in einer anderen Sprache zu leben und zu arbeiten und sich ein komplett neues Leben für eine ungewisse Anzahl von Jahren aufzubauen – das erfordert natürlich viel Energie und Kraft.

Was braucht es, um auf dem internationalen Parkett bestehen zu können?

Jedes Unternehmen hat unterschiedliche Vorstellungen. Für die einen sind Noten ausschlaggebend, für fast alle ist die Berufserfahrung während des Studiums wichtig, für die nächsten ist Auslanderfahrung relevant. Anforderungsprofile werden immer fordernder, immer spezifischer. Unternehmen stellen sich eine immer genauere Übereinstimmung von Anforderungsprofil der Stelle und der Qualifikation eines Bewerbers vor. Das ist derzeit der Haupttrend.

Wie gehen die Studierenden damit um?

Der Erwartungsdruck ist mitunter hoch. Ich bin allerdings immer wieder erstaunt, wieviele Studierende es schaffen, zusätzlich zu den hohen Anforderungen des Studiums zu arbeiten, ins Ausland zu gehen und hochwertige Praktika zu machen.

Raten Sie den Studierenden möglichst viele Angebote zu nutzen, damit sie ihre Kompetenzen schulen können, oder ist es besser, eine Selektion zu treffen?

Die Wenigsten wissen zu Beginn des Studiums schon ganz konkret, wie das grosse Ziel nach der Ausbildung aussieht. Man muss sich zuerst mit den Inhalten des Studiums vertraut machen, um dann zu entscheiden, in welche Richtung es weitergehen soll. Unter all dem Druck darf das Leben aber nicht zu kurz kommen (auch darauf achten Firmen!). Man soll die Studienzeit auch geniessen können und der Persönlichkeitsentwicklung genügend Raum lassen.

Was würden Sie Studierenden raten, die zu Ihnen kommen und die Zeit des Studiums optimal nutzen wollen, um internationale Kompetenz zu erwerben?

Um diese Frage beantworten zu können, muss man in die Tiefe gehen und die jeweilige Person kennenlernen. Wir bieten von Persönlichkeitstests über Coaching-Gespräche bis hin zu Karriereentwicklungsgesprächen verschiedene Varianten an, um gezielt beraten zu können. Festhalten kann man an dieser Stelle, dass das blosse Studium allein nicht ausreichen wird. Studierende sollten sich so früh wie möglich überlegen, wohin die Reise gehen soll und welche konkreten Qualifikationen dafür erforderlich sind

5. Profilierung

Erfolgreiche Bewerbungen
im internationalen Umfeld

Frank Wittmann

Am Horizont sehen Sie Ihren internationalen Traumjob vielleicht schon. Nach der Lektüre der letzten Kapitel wissen Sie, welche Kompetenzen gefragt sind und wie Sie sich solche während des Hochschulstudiums gezielt aneignen können. Die folgenden Seiten sind als Wegweiser gedacht, wie sie Ihr Berufsziel erreichen können. Wir stellen Ihnen einen Ansatz vor, wie Sie Ihre internationale Kompetenz für erfolgreiche Bewerbungsverfahren nutzen. Dazu ist Ihr internationales Profil zu schärfen und als Landmarke ins Zentrum Ihrer Bewerbung zu stellen. Die Erfahrung zeigt allerdings, dass eine sorgfältige Vorbereitung und gute Kenntnisse der internationalen Spielregeln unerlässlich sind.

Navigation durch die Unwägbarkeiten des internationalen Umfelds

Eine Berufslaufbahn hängt von so vielen verschiedenen Faktoren ab, so dass sie sich nur bedingt planen lässt. Das gilt gerade auch für den Berufseinstieg nach dem Studium und die ersten Berufsjahre. Zwar finden in der Schweiz mehr als 95% nach Abschluss des Studiums eine Stelle, aber nur bei 65% der Absolvierenden entspricht dieser Job den Erwartungen (BFS 2010). Gerade um dieses Risiko zu minimieren, lohnt sich eine Standortbestimmung, um sich über die nächsten Berufsziele klar zu werden.

Standortbestimmung in drei Schritten

Ausgangspunkt ist eine Standortbestimmung. Es empfiehlt sich ein Vorgehen in drei Schritten. Zuerst überlegen Sie sich, welche Interessen Sie haben. Beim Gedanken an welche Arbeitsfelder schlägt Ihr Herz höher?

In Zusammenhang mit diesen Interessen identifizieren Sie in einem zweiten Schritt Ihre Berufsziele. Dabei empfiehlt es sich, ein langfristiges Berufsziel zu identifizieren und davon ausgehend dann mittel- und kurzfristige Zwischenziele zu formulieren. Vielleicht möchten Sie langfristig im Management eines internationalen Technologieunternehmens arbeiten? Ein zweijähriges Traineeship-Programm im nächsten Jahr scheint Ihnen mittelfristig der ideale Einstieg. Um Ihre Chance auf eine erfolgreiche Bewerbung zu vergrössern, möchten Sie kurzfristig ein Auslandpraktikum absolvieren.

Als dritten Schritt überlegen Sie sich, welche Stärken Sie aufweisen. Welches international relevante Fachwissen bringen Sie mit? Worin genau bestehen Ihre sozialen und persönlichen Kernkompetenzen? In welchen Bereichen weisen Sie allenfalls Schwächen auf?

Tipp

Die hier skizzierte Standortbestimmung ist selbstverständlich eine grobe Vereinfachung. Es lohnt sich, eine Standortbestimmung im Rahmen einer Laufbahnberatung, beispielsweise bei einem Coach oder Berufsinformationszentrum, zu machen oder die eigene Reflexionsarbeit von einer vertrauenswürdigen Person begleiten zu lassen. Impulse kann auch die aufmerksame Lektüre von Ratgebern zu Laufbahngestaltung und Bewerbungen geben. Aus der kaum überschaubaren Menge an Publikationen seien hier die Bücher von Trudy Dacorogna-Merki (2008) und Peter Gisler (2007) empfohlen. Zu diesem Buch gibt es eine Webseite www.bewerbung.ch, auf der Sie auch Arbeitsblätter zur Standortbestimmung und zur Perspektivenerarbeitung finden.

Den Arbeitsmarkt kennen und berufliche Perspektiven identifizieren

Wie in → Kapitel 2 erläutert, ist das Spektrum der Berufschancen auf den internationalisierten Arbeitsmärkten sehr breit und zudem einem ständigen Wandel unterworfen. Es gilt, sich einen genauen Überblick über die aktuellen Arbeitsmarktentwicklungen im Allgemeinen zu machen und die Bedürfnisse von Unternehmen und Organisationen im internationalen Umfeld gut zu verstehen. Die systematische Durchsicht von Stelleninseraten sowie Gespräche mit Personen aus der Berufspraxis und der Laufbahnberatung unterstützen Sie dabei, Ihr Wissen zu vertiefen und berufliche Perspektiven zu identifizieren.

Strategie: das eigene Kompetenzprofil im Mittelpunkt

Nach der Standortbestimmung und der Arbeitsmarktrecherche verfügen Sie über die wichtigsten Informationen, um eine Strategie zum Erreichen Ihres Berufsziels zu finden. Bei Bewerbungen geht es um Werbung in eigener Sache. Die Strategie ist so auszurichten, dass Ihr Kompetenzprofil auf die Bedürfnisse der Sie interessierenden Arbeitswelten abgestimmt ist. Sie können sich von anderen Bewerbenden unterscheiden, indem Sie zeigen, dass Ihre persönlichen Interessen, Kernkompetenzen und ersten berufsrelevanten Erfahrungen mit den Anforderungen einer Stelle zu einem hohen Grad übereinstimmen. Anders ausgedrückt geht es darum, die Transferfähigkeit Ihrer in der Vergangenheit erworbenen Kompetenzen und gemachten Erfahrungen plausibel darzulegen.

Es ist wichtig, die Standortbestimmung, die Arbeitsmarktrecherche und die Entwicklung Ihrer persönlichen Laufbahnstrategie als einen schrittweisen

Prozess aufzufassen. Die drei Elemente sind miteinander verbunden. Auch wenn Sie die Arbeitsmärkte kennen und Ihre Strategie ausgefeilt ist, sind nachträgliche Feinjustierungen bei Ihrer Standortbestimmung weiterhin wichtig. Fassen Sie diese Wiederholungen nicht als Rückschritt, sondern als notwenige Elemente für den Fortschritt auf.

Fokussierte Jobsuche

Im Zeitalter des Internets können Sie viele offene Stellen ausfindig machen. Darum suchen Sie gezielt nach Stellen. Ihre Vorarbeiten helfen Ihnen dabei, den Fokus zu schärfen. Im internationalen Umfeld sind Stellen in aller Regel online ausgeschrieben – sei es auf den Websites des Stellenanbieters, sei es auf Online-Stellenbörsen. Gerade grosse multinationale Unternehmen und internationale Organisationen verfügen über umfangreiche Stellenportale. Interessante Jobangebote enthalten auch Online-Stellenanzeiger oder Newsletter zu spezifischen Berufsfeldern. Versuchen Sie im Laufe der Zeit herauszufinden, welche Websites von besonderem Interesse für Sie sind, und betreiben Sie ein kontinuierliches Monitoring. Selbstverständlich sind viele Stellen nach wie vor in den Printmedien ausgeschrieben.

Eine weitere Gelegenheit der Jobsuche für Hochschulabsolvierende bieten Absolventenkongresse und Career Fairs. Hier gehen Arbeitgebende auf Talentsuche und bieten die Möglichkeit des direkten Kontakts. Manchmal lohnt es sich auch, private Arbeitsvermittlungen zu kontaktieren, wobei dies nur dann erfolgversprechend ist, wenn sie sich für lokal ansässige internationale Unternehmen interessieren. Falls Sie eine Stelle in einem ganz bestimmten Land suchen, kann es in Einzelfällen sogar lohnend sein, den Mut zu haben und direkt vor Ort zu suchen.

Tipp

Es ist bei der Jobsuche unerlässlich, das persönliche Netzwerk zu involvieren. Der aus den beiden Wörtern «Net» und «work» zusammengesetzte Begriff «Networking» lässt sich dahin auslegen, dass es darum geht, das eigene Netzwerk für sich arbeiten zu lassen (Walicht 2008). Das Netzwerk kann Ihnen nicht nur unbezahlbare Informationen über die Arbeitswelt geben, sondern sie auch auf konkrete Stellen aufmerksam machen, die Sie nicht eruiert haben oder die gar nicht offiziell ausgeschrieben sind.

Schindler stands for mobility. Mobility needs experts. Join our team in Ebikon:

Corporate Environmental Manager (m/f)

Founded in Switzerland in 1874, the Schindler Group is a leading global provider of elevators, escalators and related services. Schindler mobility solutions move one billion people every day all over the world. Behind the company's success are 43,000 employees in over 100 countries.

Schindler Management Ltd. leads the groupwide activities of Schindler.

Mobility is the goal

You will report to the Corporate Sustainability Officer and be part of a small team managing all sustainability actions related to environmental matters. You will mainly be responsible for the following tasks:
- Act as interface to the Product Environmental Specialist from R&D and Global Business as well as to local environmental managers
- Lead the environmental initiatives and the implementation of a Corporate Environmental Management System (according to ISO 14001)
- Lead and coordinate continuous CO_2 reduction initiatives of the group, incl. company cars, business travels, production, logistics, suppliers, etc.
- Provide tender support
- Assume responsibility for the reporting system (configuration, consolidation, and reporting of environmental data)
- Work with the Safety, Health, and Environment area coordinators for local project support, implementation, and monitoring

Mobility needs you

You are a competent and convincing communicator with passion for environment and corporate sustainability. Furthermore, you possess:
- Master's degree in life sciences, with a focus on environment, or degree with a postgraduate diploma of advanced study in technology and sustainable development
- At least 5 years of professional experience in a corporate environmental area, embedded in an international context
- Experience in project management and success in working with global virtual teams
- Specialized know-how in ISO 14001, carbon footprint improvement, and environmental reporting
- Know-how in Lotus Notes and MS Office
- Excellent English skills, German advantageous; further languages an asset

Beispiel für ein Stelleninserat im internationalen Umfeld

Sorgfältige Analyse der Stelleninserate

Wie Nina Prochazka im Interview am Ende dieses Kapitels betont, ist eine sorgfältige Analyse des Stelleninserats von zentraler Bedeutung. Dabei geht es darum, die Stelle zu verstehen. Welches sind die unabdingbaren «must»-Kriterien? Dazu zählen formale Voraussetzungen, fachliche Minimalanforderungen und Kernkompetenzen. Welches sind darüber hinaus die wünschenswerten «nice-to-have»-Kriterien? Sie können sich einen entscheidenden Wettbewerbsvorteil verschaffen, wenn es Ihnen gelingt, die Organisation, deren Umfeld, das Stellenprofil und die Tätigkeitsziele zu eruieren. Häufig finden Sie «zwischen den Zeilen» des Stelleninserats Informationen dazu, so dass sie sich zusammen mit Informationen auf der Website des Arbeitgebers und in den Medien ein Bild machen können.

Ein Vorteil ist es, sich auch Hintergrundinformationen aus erster Hand zu verschaffen. Sie können zu diesem Zweck die im Inserat angegebene Person kontaktieren oder versuchen, über Ihr Netzwerk Kontakt herzustellen, um etwas aus dem Umfeld in Erfahrung zu bringen. Versuchen Sie in diesem Zusammenhang auch, zu Informationen zur Rekrutierungspolitik und zum Bewerbungsverfahren zu kommen.

Entscheidungen treffen

Wenn Sie alle erhältlichen Informationen über die Stelle zusammengetragen haben, sollten Sie sich Zeit dafür nehmen, das Anforderungsprofil mit Ihrem Kompetenzprofil zu vergleichen. Stellen Sie sich dazu Fragen wie: Weisen Sie die relevanten Kompetenzen und Erfahrungen auf? Wie vollständig erfüllen Sie die formalen Anforderungen? Ferner sind wir im internationalen Kontext auch häufig gefordert, uns mit Fragen zu Einsatzort und Arbeitsbedingungen zu beschäftigen. Erst nach einer Abklärung dieser Themen sollten Sie eine Entscheidung darüber treffen, ob eine Bewerbung ausreichende Erfolgschancen hat. Haben Sie auch Mut dazu, sich einmal gegen eine Bewerbung zu entscheiden. Sind die Erfolgschancen allzu gering, ist die Arbeit besser in die Jobsuche und ins Networking investiert als in die Zusammenstellung eines Bewerbungsdossiers.

Bewerbungsdossier: Kompetenzen sichtbar machen

Es macht auf alle Fälle Sinn, über ein Standardbewerbungsdossier zu verfügen, aber es sollte für jede einzelne Stellenbewerbung individualisiert werden. Nehmen Sie sich genügend Zeit, um Ihre Unterlagen sorgfältig auf die Zielstelle auszurichten. Dies trifft auch auf das Format Ihres «Werbeprospekts» zu. Abweichungen von den Formvorgaben und formale Unsauberkeiten minimieren Ihre Erfolgschancen. Loten Sie aus, wie viel Spielraum für individuelle und kreative Züge besteht. In einem ersten Schritt ist es das Ziel, ihre Bewerbungsstrategie auf den aktuellen Fall anzupassen. Dabei gilt es im Hinterkopf zu behalten, dass die Personalverantwortlichen häufig weniger als eine Minute für die erste Durchsicht eines eingegangenen Dossiers investieren.

In einem zweiten Schritt gilt es zu überlegen, wie Sie Ihr Kompetenzprofil im Bewerbungsdossier präsentieren möchten. Wichtig ist, dass dieses strategische Kompetenzprofil in allen Elementen des Bewerbungsdossierszur Geltung kommt: in Ihrem Motivationsschreiben und Ihrem Curriculum Vitae (am besten in einer kurzen Rubrik «Summary» oder «Short Profile» zu Beginn des CV).

Falls diese Dokumente bereits im frühen Stadium des Selektionsprozesses verlangt sind, sollte sich Ihr Kompetenzprofil wie ein roter Faden auch in Ihren Zeugnissen und Beilagen niederschlagen. Sie bringen Ihr Profil unter, indem Sie sicherstellen, dass dieselben Schlüsselwörter selbstbewusst immer wieder in den verschiedenen Unterlagen auftauchen. Auf diese Weise machen Sie sich auch unabhängig davon, ob die Personalverantwortlichen nur den Motivationsbrief, den CV oder das ganze Dossier genau lesen. Achten Sie darauf, dass Sie Ihre Kompetenzen nicht bloss behaupten, sondern plausibel nachweisen, indem Sie beispielhaft an ein oder zwei berufsrelevanten Situationen beschreiben, wie Sie die Kompetenzen angewandt haben und welche Wirkung dies hatte.

Motivationsschreiben

Es ist eine gute Grundregel, dass das Motivationsschreiben kurz (maximal eine Seite lang) sein sollte. Eine Option – aber längst nicht die einzige – ist eine Struktur mit drei Abschnitten. Im ersten Abschnitt legen Sie dar, warum Sie sich für genau diese spezifische Stelle bei genau dieser Organisation bewerben. Begnügen Sie sich nicht damit, Ihre Motivation zu behaupten, sondern geben Sie die wirklichen Gründe an, warum Sie motiviert sind und woher Ihre Begeisterung kommt.

Fassen Sie Ihr Kompetenzprofil kurz zusammen, damit gleich zu Beginn sichtbar wird, dass Ihre Kompetenzen relevant sind für die Bedürfnisse der ausschreibenden Stelle. Im zweiten Abschnitt können Sie dann auf die wichtigsten Fach- und Methodenkompetenzen eingehen, die Sie im Studium erworben und in der Praxis bereits angewandt haben. Suchen Sie ein konkretes Beispiel heraus, an dem sich dieser Komplex illustrieren lässt. In den Mittelpunkt des dritten Abschnitts stellen Sie abschliessend Sozial- und Persönlichkeitskompetenzen, die für die erfolgreiche Ausführung der Stelle wichtig sind. Auch hier ist es empfehlenswert, auf eine konkrete Situation anzuspielen.

Tipp

CVs sind grundsätzlich hochgradig standardisiert, jedoch gibt es grosse länder- und branchenspezifische Unterschiede. So wird in den USA der CV (meist als Resümee bezeichnet) eher kurz gehalten, vor allem was persönliche Angaben betrifft. Hintergrund dafür ist, dass die berufsrelevanten Kompetenzen für die Beurteilung des Bewerbungsdossiers ausschlaggebend sein sollten und nicht biographische Kriterien wie Alter, Geschlecht, Nationalität oder Ethnizität. Dagegen ist der CV im deutschsprachigen Raum ausführlicher. Dies trifft auch auf die persönlichen Angaben zu. Der Abdruck eines Fotos ist häufig üblich, in manchen Fällen sogar ausdrücklich erwünscht.

Auch die Strukturen des CV können stark voneinander abweichen. Grundsätzlich sollte das Layout aber übersichtlich, einheitlich und ansprechend gestaltet sein. Keine grosse Abweichung gibt es bei der Erwartung, dass die Fakten der eigenen Biografie in umgekehrt chronologischer Reihenfolge lücken- los aufzuführen sind. Zu empfehlen ist ein erläuternder Stil: alle aufgeführten Informationen sollten kontextualisierbar und aussagekräftig sein. Das können Sie dadurch erreichen, indem Sie mit kurzen Aussagen und prägnanten Schlüsselwörtern erläutern, welche Kompetenzen Sie erworben haben und wel- che Verantwortung Sie bei einer bestimmten Stelle hatten. Gehen Sie kurz da- rauf ein, was Sie gelernt haben und warum Sie Erfolg hatten. Bringen Sie in Erfahrung, welche Standards im Land der ausschreibenden Stelle oder bei den spezifischen Arbeitgebenden erwünscht sind – falls die Eingabe nicht über ein Internetportal standardisiert ist.

Am Ende des CVs sind Referenzen anzugeben. Diese Angabe wird nicht nur häufig erwartet, sondern ist auch eine gute Gelegenheit, um Ihre internatio- nale Vernetzung zu zeigen. Zu guter Letzt: Geben Sie besonders acht auf die richtige Übersetzung des Fachwortschatzes sowie der Schul-, Studien- Berufs- und Funktionsbezeichnungen, besonders wenn Sie in einer Fremdsprache schreiben. Lassen Sie Ihren fremdsprachigen CV auf alle Fälle von jemandem gegenlesen bevor Sie es versenden. Viele weitere Tipps finden Sie in der umfangreichen Ratgeberliteratur, stellvertretend genannt seien hier die Bücher von Schürmann / Mullins (2007) und Pocklington / Schulz / Zettl (2007).

Good Practice

Cinfo bietet als spezialisierte Netzwerkplattform für Berufe in der internationalen Zusammenarbeit (IZA) Fach- und Nachwuchskräften nützliche Informationen, Beratungen und Möglichkeiten zur Vernetzung. Studierende finden auf der Internetseite www.cinfo.ch Broschüren und Erfahrungsberichte zur IZA und den Einstiegsmöglichkeiten sowie die Online-Jobbörse *cinfo*Poste. Dort schreibt *cinfo* auch die Rekrutierungen der Nachwuchs- und Junior-Programme wichtiger IZA-Akteure wie UNVolunteers aus. Weiter organisiert *cinfo* alle zwei Jahre die Fachmesse Forum *cinfo* in Biel, die vertiefte Einblicke und Austauschmöglichkeiten gibt. Beratungen wie der CV-Check oder der regelmässig stattfindende Reflexionstag bieten Raum für konkrete Auseinandersetzungen mit den Chancen und den Bewerbungsverfahren. Studierende und Personen mit erster Erfahrung können zur Vertiefung individuelle Laufbahnberatungen in Anspruch nehmen.

Nicht zu unterschätzen: die Bedeutung von Diplomen, Zertifikaten und Beilagen

Stellen Sie sicher, dass sich Ihre in Brief und CV hervorgehobenen internationalen Kompetenzen und Erfahrungen in Hochschuldiplom, Diploma Supplement, Arbeitszeugnissen, speziellen Auszeichnungen, Bestätigungen von freiwilligen Aktivitäten, Nachweisen von interkulturellen Trainings oder Fremdsprachenkursen niederschlagen. Falls Sie vergessen haben, solche Zeugnisse und Zertifikate einzuholen, können Sie dies häufig im Nachhinein noch nachholen. Bei Notenangaben sollte überlegt werden, ob Angaben über die länderspezifische Äquivalenz sinnvoll sind.

Über diese formalen Dokumente hinaus können Sie ihrem Dossier noch weitere Unterlagen beilegen. Wir denken hier an Empfehlungsschreiben von Personen aus Ihrem erweiterten Umkreis, die eine internationale Affinität haben, an Kopien von Ihren Publikationen oder Eventorganisationen, die einen internationalen Bezug aufweisen.

Von der longlist auf die shortlist

In der Regel wird das Dossier heute elektronisch übermittelt, sei es über ein Onlineportal, sei es per E-Mail. Im Normalfall werden Sie eine Eingangsbestätigung erhalten, immer häufiger geschieht dies automatisch. Falls Sie keine Eingangsbestätigung erhalten: Wägen Sie ab, ob ein Nachhaken sinnvoll ist. Bei internationalen Organisationen werden Benachrichtigungen tendenziell erst versandt, wenn die erste Selektionsstufe überschritten ist und Sie auf der longlist figurieren. Manchmal müssen Sie sogar in die engere Wahl kommen, das heisst, auf der shortlist (drei bis zehn Personen) sein, um Bescheid zu erhalten. Bei internationalen Unternehmen in der Schweiz verlaufen die Auswahlverfahren jedoch in aller Regel schnell, und die Kandidierenden werden über den aktuellen Stand meist auf dem Laufenden gehalten. Falls dies nicht der Fall sein sollte, können Sie nachfragen und so Ihr Interesse unterstreichen. Vermeiden Sie es jedoch, aufsässig zu erscheinen.

Tests und Assessments

Immer mehr Personalabteilungen von immer mehr internationalen Unternehmen und Organisationen setzen Tests und Assessments ein. Diese Tools können Intelligenz, Leistungs- und Konzentrationsfähigkeit, Fachwissen, Sprachkenntnisse, Sozial- und Persönlichkeitskompetenzen oder eine Kombination davon abfragen. Während psychometrische Tests häufig in den frühen Phasen der Selektionsprozesse eingesetzt werden, sind Assessments in Form von Rollenspielen, Gruppendiskussionen etc. eher gegen Ende der Rekrutierungsverfahren üblich.

Sie können sich darauf vorbereiten, indem Sie möglichst viel über das Ziel und die Methodik der Test- und Assessmentinstrumente in Erfahrung bringen. Im Internet lassen sich viele Tests und Assessmentanleitungen finden, mit denen man trainieren kann. Auch Bücher zum Thema Testtraining helfen weiter. Besonders zu beachten ist der Umgang mit Zeitmanagement, da viele Tests unter Zeitdruck durchgeführt werden müssen. Allerdings möchten wir davor warnen, dass eine übertriebene Vorbereitung zu einem unnatürlichen und unglaubwürdigen Auftreten führen kann. Es ist wichtig, dass Sie in Tests und Assessments Ihre eigene Persönlichkeit für andere erfassbar machen.

Vorstellungsgespräch

Falls Sie zu einem Vorstellungsgespräch eingeladen werden, sollten Sie nochmals Ihre Bewerbungsstrategie verinnerlichen und überlegen, wie Sie sie im Interview anwenden können. Bis zu einem bestimmten Grad ist es möglich, den Verlauf von Vorstellungsgesprächen zu antizipieren. Versetzen Sie sich dazu in die Lage der Personal- und Linienverantwortlichen. Was könnte sie interessieren? Was ist für die Stelle besonders relevant?

Eine sorgfältige Vorbereitung des Interviews ist unerlässlich. So sind Fragen zur Ihrer Motivation und Ihrem Werdegang sehr wahrscheinlich. Bereiten

Sie daher illustrative Beispiele aus Ihrem bisherigen Leben schriftlich vor und zeigen Sie, wie Sie mit diesen Kompetenzen Erfolg hatten. Üben Sie, deutlich zu sprechen und regelmässig Blickkontakt zu halten. Zur Vorbereitung gehört auch die Antizipation von möglichen Nachfragen und Einwänden. Es ist sinnvoll, kritische Situationen nicht defensiv anzugehen, sondern Rückfragen zu stellen, um Ihr Gegenüber gut zu verstehen. Fassen Sie die Situation als eine willkommene Möglichkeit auf, mehr von sich zu erzählen und das Gegenüber von den eigenen Kompetenzen zu überzeugen. Überlegen Sie sich auch genau, wie sie mit Ihren Schwächen oder mit fehlenden Berufserfahrungen umgehen wollen. Entscheidend ist, wie souverän Sie mit diesen Themen umgehen. Was haben Sie aus einem Misserfolg bei einem internationalen Projekt gelernt? Wie sind Sie mit einer schwierigen interkulturellen Situation umgegangen?

Beispiele aus Ihrem Erfahrungsschatz

Untersuchungen haben festgestellt, dass es eine überschaubare Anzahl von Kernfragen gibt, die in Bewerbungsgesprächen gestellt werden. Bei den gestellten Fragen handelt es sich in der Regel um Variationen von diesen Kernfragen. Bereiten Sie sich mit der entsprechenden Ratgeberliteratur auf Ihr Interview vor, indem Sie mögliche Antworten auf die Kernfragen skizzieren. Sie können dabei immer wieder auf Ihre strategischen Kompetenzen zu sprechen kommen und mit einem überschaubaren Set an Beispielen veranschaulichen. Trainieren Sie sich eine gewisse Flexibilität an, wie Sie Ihre Beispiele auch auf überraschende Fragen anwenden können.

Berücksichtigen Sie im Rahmen Ihrer Vorbereitung auch die Interviewmethode und -situation. Im internationalen Umfeld werden immer häufiger Competency Based Interviews durchgeführt – und zwar nicht nur face to face, sondern auch per Telefon oder Videokonferenz. Falls Sie zu einem zweiten Interview eingeladen werden, ist zu erwarten, dass sich der Gesprächsfokus verschieben wird und dass neue Personen wie zum Beispiel Linienverantwortliche oder Teammitglieder am Interview teilnehmen.

Follow up: Dankesschreiben und Feedback

Auch im internationalen Kontext gehört es zu den Gepflogenheiten, nach dem Gespräch eine kurze thank-you-note zu verfassen und für die Begegnung zu danken. In der Regel werden Sie beim Interview noch neue Hinweise erhalten haben, was den Personalverantwortlichen wichtig ist. Nutzen Sie die Gelegenheit und geben Sie zu erkennen, dass Sie dies verstanden haben und die gewünschten Kompetenzanforderungen mitbringen. Auch wenn es Ihnen während des

Interviews nicht genügend überzeugend gelungen sein sollte, Ihr Profil zu vermarkten, können Sie hier nochmals prägnant auf die Vorzüge Ihrer Kandidatur eingehen.

Unabhängig davon, ob das Interview schlussendlich erfolgreich war und Sie in die nächste Selektionsrunde vorstossen und den Job sogar angeboten erhalten, oder ob Sie einen negativen Bescheid erhalten: evaluieren Sie Ihre Kandidatur. Versuchen Sie im Rückblick herauszufinden, wie Ihre Bewerbung angekommen ist und welche Aspekte erfolgreich und welche weniger erfolgreich waren. Falls Sie aufgrund des hohen Standardisierungsgrads von Personalrekrutierungsverfahren kein externes Feedback erhalten können, gibt Ihnen bereits eine kritische Eigenevaluation wertvolle Impulse für die nächste Bewerbung.

Good Practice

Die Personalrekrutierung von internationalen Organisationen wie die UNO-Agenturen, EU, OECD, Weltbank, etc. hat sich in den letzten Jahren stark verändert. In aller Regel werden für Stellenbesetzungen einige Jahre Berufserfahrung vorausgesetzt. Berufseinsteiger und -einsteigerinnen, die diese Anforderung noch nicht erfüllen, können sich aber für Praktika oder Einstiegsprogramme wie Junior Professional Officer oder Freiwilligenprogramme wie United Nations Volunteers bewerben.

Das Eidgenössische Departement für auswärtige Angelegenheiten betreibt seit einigen Jahreine immer systematischere Nachwuchsförderung. Es wird das Ziel verfolgt, jungen Talenten bei den mehr als 100 internationalen Organisationen, in denen die Schweiz Mitglied ist, eine Beschäftigung zu ermöglichen. Wie Cordula Janowski (2008) beobachtet hat, gibt es bei den internationalen Organisationen einen Trend zu flexiblen Anstellungsverhältnissen. Befristete Beratungsmandate, kurzfristige Wahlbeobachtungen und projektgebundene Mitarbeiten bieten Nachwuchskräften Chancen für spannende Berufserfahrung.

Plan B

Wir haben mehrmals auf den hohen Wettbewerb bei internationalen Bewerbungsverfahren hingewiesen. Es ist möglich, dass Ihre Bewerbungen trotz sorgfältiger Vorbereitung und adäquater Kompetenzen erfolglos bleiben. Wann der richtige Zeitpunkt gekommen ist, sich nach Alternativen umzusehen, kann nur im Einzelfall festgelegt werden. Uns scheint zweierlei wichtig. Erstens gehört Flexibilität zu den grundlegenden Kompetenzen im internationalen Umfeld.

Angewendet auf den vorliegenden Fall: Ab einem bestimmten Zeitpunkt sollten Sie an einem Plan B arbeiten. Zweitens bedeuten erfolglose Bewerbungen beim Berufseinstieg nicht, dass Ihnen das Tor zu einer internationalen Karriere für immer versperrt sein wird. Manchmal sind berufliche Zwischenschritte nötig.

Übung macht den Meister
Interview mit Nina Prochazka, Spezialistin Personalberatung bei *cinfo*

Nina Prochazka wurde als Kind von tschechischen Einwanderern in der Schweiz geboren. Sie studierte Internationale Beziehungen in Triest und Kairo. Nach ersten Berufserfahrungen im In- und Ausland stieg sie im Jahr 2000 als Programmverantwortliche für ländliche Entwicklung, Umwelt- und Kulturmanagement bei einer Beratungsfirma in der internationalen Zusammenarbeit in Ägypten ein. Später wurde sie dort Leiterin Programme und Organisationsentwicklung. 2006 kehrte sie aus familiären Gründen in die Schweiz zurück. Seit 2007 arbeitet Nina Prochazka bei *cinfo*, dem Zentrum für Information, Beratung und Bildung für Berufe der internationalen Zusammenarbeit, als Spezialistin in Personalberatung, mit Schwerpunkt Rekrutierungsprozesse bei internationalen Organisationen.

Erinnern Sie sich noch an Ihre erste Bewerbung in einem internationalen Berufsumfeld?

Nach meinem Studium in Ägypten bin ich in die Schweiz zurückgekehrt und habe mich 1998 bei einem international orientierten Traineeprogramm der Zurich Financial Services beworben. Schon während des Interviews kam es mir so vor, als ob ich einen Bonus hätte. Die Manager waren beeindruckt von meiner spannenden Biografie. Wie kann man sich als junge Frau im arabischen Raum behaupten? Was für sie exotisch klang, war für mich normaler Alltag. Die Interviewsituation wurde dadurch witzig und leicht, weil ich die Gesprächspartner neugierig machen konnte. Das nahm mir die Nervosität und lockerte die Atmosphäre. Diese Erfahrung schien viel mehr zu zählen als meine mangelnden Kompetenzen in Präsentationstechnik.

Das ist ja das Spezielle am internationalen Berufsumfeld. Man trifft Personen mit den unterschiedlichsten Erfahrungen und beginnt mit ihnen einen Dialog, der von Neugier geprägt ist. Das trägt dazu bei, dass häufig eine andere

Nina Prochazka, Spezialistin Personalberatung bei *cinfo*

Stimmung entsteht als in «gewöhnlichen» Bewerbungsgesprächen. Nach dem Interview wurde mir das Traineeship angeboten, allerdings habe ich die Stelle nach einem Jahr abgebrochen. Es war eine wertvolle Berufserfahrung, auch wenn ich mich letztlich nicht in der Finanzdienstleistungsbranche gesehen habe. 1999 wechselte ich dann zu einer Beratungsfirma, die ein EU-Projektmandat zum Business-Matchmaking von deutschen und ägyptischen Unternehmen ausführte.

Woran erkennen Sie die internationale Kompetenz von Bewerbenden?

Wenn wir bei *cinfo* jemanden zu einem Interview empfangen, haben wir uns vorgängig intensiv mit der Person beschäftigt. Wir haben den CV analysiert, den Bewerbungsbrief aufmerksam gelesen, Zertifikate angesehen, vielleicht auch nach der Person gegoogelt. Auf diese Weise haben wir einen kleinen Ausschnitt aus dem Leben der Person erhalten, auch wenn der durch den CV relativ standardisiert ist. Dieses erste Bild ist wichtig, weil es bereits darüber Aufschluss gibt, was eine Person erlebt hat. In welchen Ländern auf welchen Kontinenten hat sie gelebt? In welchen Kulturkreisen gearbeitet? In welchem Zusammenhang? Antworten auf solche Fragen sollten sich in den Bewerbungsunterlagen finden, ansonsten laden wir die Person nicht für ein Gespräch ein.

Worauf legen Sie im Gespräch den Fokus?

Im Gespräch mit Menschen, die in anderen Kulturen gelebt haben, interessiert uns, wie die Person in dem fremden Umfeld funktioniert hat. Inwieweit haben sie über unterschiedliche Handlungsstile nachgedacht? Wie stark hat sie die eigene Rolle und die Rolle der anderen reflektiert? Das kann man im Interview herausfinden.

Es geht im Gespräch weniger darum, ob jemand ein Auslandpraktikum gemacht oder in China gelebt hat – das haben wir ja den Bewerbungsunterlagen entnehmen können –, sondern darum, wie stark man sich auf das neue Umfeld eingelassen und mit den Unterschieden auseinander gesetzt hat. Man kann sich also zunächst durchaus intuitiv, spontan oder unvorbereitet auf die Menschen der fremden Kultur einlassen, aber später geht es darum, einen reflektierten Zugang zu den eigenen Verhaltensweisen zu finden. Herauszufinden, welche Kompetenzen man hat und wie tief sie reichen, ist eine grosse Herausforderung für junge Menschen. Die Auseinandersetzung mit den eigenen Erfahrungen und Kompetenzen ist Knochenarbeit. Das Feedback von anderen Menschen zu unserem Verhalten und dessen Wirkung kann uns dabei unterstützen.

Gibt es überhaupt grundlegende Unterschiede zwischen Bewerbungsverfahren in einem nationalen oder internationalen Umfeld?

Nein, es gibt eher Unterschiede in der Professionalität eines Bewerbungsverfahrens. Grosse multinationale Unternehmen und internationale Organisationen verfügen über Human-Resources-Abteilungen, die bei ihrer globalen Rekrutierung auf standardisierte Abläufe zurückgreifen – unabhängig ob es um eine Stelle in der Schweiz oder in Hongkong geht. In kleinen Firmen und NGOs laufen die Bewerbungsverfahren häufig individueller ab. Für Kandidierende ist es also wichtig, das Bewerbungsverfahren zu verstehen und die Organisationskultur zu erfassen.

Worauf ist dabei zu achten?

Ich erlebe es regelmässig, dass Hochschulabsolvierende eine interessante Stellenausschreibung entdecken, spontan sagen «Super, das gefällt mir, ich bewerbe mich dort» und grad mit dem Bewerbungsbrief anfangen. Zu kurz kommt dabei die Überlegung, was man für die Stelle mitbringt und inwiefern man in die Organisation zu den eigenen Erfahrungen passt. Dieses Nachdenken ist zeitaufwändig, lohnt sich aber.

Dieses Buch widmet sich dem Thema Kompetenz. Was versteht *cinfo* unter «Competency Based Interviews»?

Das Modell der kompetenz- oder verhaltensbasierten Interviews erlaubt es *cinfo*, Kompetenzen gezielt abzufragen. Wir fragen nach konkreten Beispielen, in denen unsere Gesprächspartner bestimmte Kompetenzen angewendet haben. Wir fragen nie, was Menschen in Zukunft in einer bestimmten Situation machen würden, sondern was sie in einer ganz bestimmten Situation in der Vergangenheit erlebt, getan und gelernt haben. Die Idee ist: «Past demonstrated behaviour is the best indicator for future behaviour.»

Wir gehen davon aus, dass Menschen, die einmal eine bestimmte Situation erfolgreich gemeistert haben, das auch in Zukunft tun können. Und dass Menschen, die in der Vergangenheit Fehler gemacht haben und aufgrund von Reflexionsprozessen etwas daraus gelernt haben, auch die Zukunft bewältigen können. Aus diesem Grund fragen wir nicht nur nach positiven Beispielen, sondern auch nach schwierigen Erlebnissen. Diese Interviewform wird beispielsweise auch vom Schweizer Fernsehen und von der UNO genutzt. Ihre Grundidee kann man jedoch selbst dann anwenden, wenn das Rekrutierungspanel eine andere Interviewform wählt. Es geht darum, bei den eigenen Antworten konkrete Beispiele für Erfolgsgeschichten und *«Lessons Learned»* anzuführen.

Wie kreativ darf oder soll man im Bewerbungsverfahren angesichts der formalen Standards sein, die beispielsweise an das Bewerbungsdossier gestellt werden?

Ich finde, dass das Thema CV-Standards überbewertet wird. Aus meiner Sicht ist der Inhalt wichtiger als die Form. Ein Foto mag nett sein, um ein Gesicht dem Lebenslauf oder dem Brief zuordnen zu können, ist aber nicht entscheidend.

Entscheidend ist, dass ein CV Inhalte vermittelt und nicht nur eine Auflistung von Stellen und Studien enthält. Das ist im internationalen noch wichtiger als im Schweizer Umfeld, weil sich heimische Ausbildungs- und Berufserfahrungen meist leichter und besser einordnen lassen als diejenigen aus unbekannten Ländern. Wie gut oder schlecht eine bestimmte Hochschule in einem bestimmten Land ist, welche Kompetenzen ein bestimmter Studiengang dort wie erfolgreich vermittelt – das entzieht sich häufig den Kenntnissen von Rekrutierenden. In diesem Fall ist es sehr wichtig, genau aufzuzeigen, was man in der Ausbildung gelernt hat und welche relevanten Berufserfahrungen man bereits gesammelt hat. Um was für einen Arbeitgeber handelt es sich genau? Was hat man gemacht? Mit wie vielen Akteuren war man in Kontakt? Aus diesem Grund sind sehr kurze CVs für ein internationales Umfeld ungeeignet. Sie ermöglichen uns nicht, uns ein gutes Bild von der Person zu machen.

Haben Sie einen Tipp, wie sich Hochschulabsolvierende in einem internationalen Bewerbungsverfahren gut verkaufen?

Sich selbst gut zu kennen und die Selbstsicherheit zu haben, klar über sich selbst zu sprechen, ist für viele junge Menschen eine grosse Herausforderung. Kommunikation ist im internationalen Umfeld deshalb von so grosser Bedeutung, weil sie über Sprachgrenzen hinweg stattfindet und damit die Komplexität mit der Diversität steigt. Der bewusste Einsatz von Sprache und der gekonnte Einsatz von Präsentationstechniken vor Publikum braucht viel Übung – sei es alleine, sei es mit Arbeitskollegen, Freunden oder einem Coach. Die Investitionen in Zeit und Geld sollte man langfristig sehen. Kommunikation im internationalen Umfeld muss geübt werden wie Fahrrad- oder Skifahren.

6. Erfahrung

Risiken und Nebenwirkungen von Auslandaufenthalten

Marianne Bauer

Wenn Sie dieses Buch bis jetzt nicht zur Seite gelegt haben, dann interessieren Sie sich für eine internationale Berufslaufbahn und sind vielleicht bereits dabei, aktiv eine geeignete Stelle zu suchen. Zum Abschluss möchten wir den Blick in die Zukunft richten.

Wir sind bisher auf viele Aspekte eingegangen, die sich planen und vorbereiten lassen. Es gibt jedoch auch einige Dinge, die sich nicht planen lassen. Wie wird sich das Abenteuer Ihrer internationalen Laufbahn entwickeln? Welche Entscheidungen werden Sie unterwegs treffen müssen? Neugier und Offenheit können Ihnen helfen, sich in unerwarteten Situationen zurechtzufinden. Dennoch gibt es eine Reihe von Schattenseiten, die mit einer internationalen Laufbahn verbunden sein können. Auch wenn wir uns in diesem Ratgeber für internationale Kompetenzen und Erfahrungen stark machen, gibt es keinen Grund dazu, sich eine rosarote Brille aufzusetzen.

Planung und Vorbereitung

Eine der wichtigsten Voraussetzungen für eine befriedigende internationale Tätigkeit ist das Bewusstsein, dass nicht alles planbar ist und dass Sie mit Unsicherheit leben müssen. In Kapitel 3 dieses Buchs haben wir die Begriffe Anpassungsfähigkeit und Ambiguitätstoleranz als Teilkomponenten von internationaler Kompetenz eingeführt. Ambiguitätstoleranz bedeutet nicht, dass Sie auf alle unerwarteten Situationen mental vorbereitet sind, sondern dass Sie in unklaren und mehrdeutigen Situationen handlungsfähig bleiben und verschiedene Lösungswege sehen und gehen können.

Wenn Sie zu einer Reise aufbrechen, kann es immer Überraschungen geben. Sie planen und recherchieren zu Hause, und vor Ort wird doch alles ganz anders: Sie haben eine Panne und brauchen Hilfe, oder der Bus kommt nicht, und Sie brauchen viel länger, um Ihren Zielort zu erreichen, als Sie eigentlich während der Planung zu Hause angenommen haben. Aber dafür treffen Sie vielleicht Menschen, die Zeit haben für ein Gespräch, Ihnen helfen und sich für Sie interessieren. Es kann aber auch sein, dass Sie in einer solchen Situation allein auf sich selbst gestellt sind und die Unsicherheit, ob und wann Sie Ihren Zielort erreichen können, aushalten müssen. Das kann äusserst unangenehm und manchmal auch bedrohlich sein.

Irritationen und (Selbst-)Zweifel

Die Arbeit im internationalen Kontext ist mit Herausforderungen verbunden. Sie sind nicht nur bei der Arbeit mit anderen Haltungen und Werten konfrontiert, sondern auch im Alltag. Stellen Sie sich vor, Sie verlassen am Morgen Ihr Haus, um zur Arbeit zu gehen, und jemand grüsst Sie und fragt, wohin Sie gehen. Was machen Sie? Wahrscheinlich grüssen Sie freundlich zurück und sagen, dass Sie auf dem Weg zur Arbeit sind. Immer wieder werden Sie nun beim Verlassen des Hauses von jemandem gegrüsst und gefragt, wohin Sie gehen. Sie antworten: Sie gehen zur Arbeit, einkaufen, Freunde besuchen etc.

Eines Tages beginnen auch Sie, Ihre neuen Bekannten zu grüssen und sie gleichzeitig zu fragen, wohin sie gehen. Sie bekommen immer eine freundliche, zugewandte Antwort. Irgendwann einmal treffen Sie einen Bekannten in einer Bar, obwohl er Ihnen kurz zuvor gesagt hat, dass er unbedingt sein Auto reparieren lassen muss und deshalb überhaupt keine Zeit für einen Drink hat. Solche Situationen häufen sich, und sie sind irritiert. Sie fragen sich: Ich habe immer wahrheitsgemäss Auskunft gegeben, warum lügt mich soundso einfach an? Was habe ich ihm/ihr getan? Sie bewerten das Verhalten der anderen Person aus dem Blickwinkel der Moral: Lügen ist schlecht, die Wahrheit ist gut! Was aber ist die Wahrheit?

Kulturschock

In vielen Kulturen geht es zum Beispiel bei Fragen von Begrüssungsritualen nicht darum, die absolute Wahrheit über das Tun eines anderen Menschen zu erfahren, sondern darum, Interesse zu zeigen, wie flüchtig dieses auch sein mag. Es kann sehr gut sein, dass ein solches Erlebnis weitreichende Zweifel bei Ihnen auslösen kann: Sie fühlen sich ein wenig, als ob man Ihnen den Boden unter den Füssen weggezogen hätte. Sie verstehen die Welt nicht mehr, weil das, was Sie für absolut selbstverständlich hielten – wahrheitsgemäss Auskunft zu geben –, nicht mehr gilt bzw. von anderen nicht so gesehen wird.

Ein Kulturschock wird meist durch ganz alltägliche Erlebnisse wie dieses ausgelöst. Darüber hinaus können unterschiedliche Kommunikationsformen und Werthaltungen natürlich auch im beruflichen Umfeld Irritationen auslösen und verunsichern.

Heimweh

Wenn Sie Irritationen und Ambiguität erleben, unsicher sind und Selbstzweifel Ihren Alltag zu dominieren beginnen: Dann kann es sehr gut sein, dass Sie die gewohnte Umgebung in Ihrem Heimatland, die Familie, Freunde und Arbeitskolleg/innen vermissen und sich nach sozialen Begegnungen sehnen, die nach Mustern ablaufen, die sie kennen. Auch Menschen, die voll Offenheit und Lust auf Neues aufgebrochen sind, können irritiert sein und unter Heimweh leiden. Versuchen Sie nicht, dieses Gefühl zu bekämpfen. Intensivieren Sie den Kontakt zu Ihrer Familie und Ihren Freunden. Nutzen Sie Social Media und Skype sowie

Good Practice

Susan: So, what did you think of my rewrite?

Yang: Ah yes, the rewrite. Generally tighter than the first draft, don't you think?

Susan: I do. Shall I send it down for printing, then?

Yang: It's up to you, really.

In dieser kurzen Szene trifft Susans eher direkter Kommunikationsstil auf Yangs indirekte Antworten. Susan ist an direktes klares Feedback gewöhnt und interpretiert Yangs erste Antwort auf ihre Frage als positives Feedback. Yang vermeidet aber mit seiner Antwort «generally tighter than the first draft» direktes (negatives) Feedback und gibt den Ball an Susan zurück. Eine Person, die mit dieser Art von indirekter Kommunikation vertraut ist, würde wahrscheinlich verstehen, dass er mit der neuen Version des Textes noch nicht zufrieden ist. Susan versteht Yang nicht. Die zweite Antwort, in der Yang Susan die Entscheidung überlässt, ob der Text in Druck gehen soll oder nicht, ist ein Indikator dafür, dass Yang es vermeidet, die Frage zu beantworten. Ein klares «Nein» in dieser Situation wäre für ihn unhöflich und schlicht undenkbar (nach Storti (1998)).

evtl. auch berufsbezogene Netzwerke. Tauschen Sie sich aus und lassen Sie Freunde und Familie an Ihrem Leben teilhaben. Wenn Sie Urlaub haben, laden Sie Freunde und Familie aus Ihrem Heimatland zu sich ein.

Krisen und Heimweh können nach der ersten Hochstimmung und Begeisterung bei der Ankunft im Gastland normale Phasen der Integration sein. Nach einer gewissen Zeit meistern Sie Probleme, finden sich im Alltag und bei der Arbeit besser zurecht und haben gelernt, Verhaltensweisen und Reaktionen der Menschen in Ihrem Gastland anzunehmen und zu schätzen. Nach einer Weile können Sie sich auch in der Fremdsprache besser ausdrücken. Fremdsprachenkenntnisse sind wie bereits in → Kapitel 3 erwähnt ein Schlüssel zur Welt. Dabei geht es nicht nur um die Beherrschung der Lingua Franca Englisch, sondern eben auch um die Bereitschaft, sich auf die Sprachen, die in einer bestimmten Weltregion gesprochen werden einzulassen. Sprachkenntnisse werden Ihnen die Integration erleichtern und lassen Sie am Alltag aktiv teilhaben. Durch vertiefte Fremdsprachenkenntnisse und Verständnis für andere Werte und Kommunikationsformen können Sie nach Irritationsphasen wieder eine positivere Grundhaltung zum Gastland gewinnen. Sie akzeptieren verschiedene Perspektiven und finden eine Balance zwischen den eigenen Werten und jenen des Gastlandes.

Klare Vorstellungen: Sie wissen, wohin Sie wollen

Es kann sein, dass Sie genau wissen, dass Sie einige Jahre in einem bestimmten Land arbeiten wollen. Ein längerer Aufenthalt wird Sie mit anderen Fragen konfrontieren als ein Praktikum oder ein Sprachkurs. Im Laufe eines längeren Auslandaufenthalts kann sich sowohl Ihre berufliche als auch Ihre persönliche Situation in vielerlei Hinsicht ändern und Sie vor neue Herausforderungen stellen.

Sie werden auch Seiten an Ihrer Wahlheimat kennenlernen, die Ihnen nicht gefallen und mit denen Sie sich nicht identifizieren können. Wie gehen Sie damit um? Stellen Sie Ihre Wahl grundsätzlich in Frage? Ziehen Sie weiter, kehren Sie in Ihr Heimatland zurück? Es kann auch sein, dass Sie im Laufe der Zeit nicht mehr nur Entscheidungen für sich allein treffen, sondern dass Ihre Entscheidungen auch von anderen (Partner/in oder Familie) mitgetragen werden müssen. Sie können mit dem Gedanken abreisen, auszuwandern. Es besteht aber die Möglichkeit, dass Sie zurückkehren.

Im Labyrinth der Möglichkeiten

Im übertragenen Sinn denken Sie vielleicht daran, dass eine Stelle im Ausland Ihre Karrierechancen bedeutend erhöht. Das kann durchaus sein, muss aber nicht und ist in jedem Fall zu Beginn einer Berufslaufbahn nicht planbar. Es kann sein, dass Sie im Ausland sehr selbstständig arbeiten können und aufgrund Ihrer Position einen hohen sozialen Status und gewisse Privilegien haben. Ihre nächste Stelle – wiederum im Ausland oder zurück im Heimatland – ermöglicht Ihnen dann aber keine Weiterentwicklung der erworbenen Fähigkeiten, vielleicht wird von Ihnen sogar ein weniger selbstständiges Handeln erwartet. Es ist sicher nicht falsch, sich (hohe) Ziele zu setzen. Sie arbeiten aber besser, wenn Sie sich bewusst sind, dass heute eine lineare Karriere eher die Ausnahme darstellt. In der heutigen Arbeitswelt werden Sie mit einer flexibleren Einstellung zum Thema Karriere längerfristig weiterkommen.

Nomadenleben – Pros und Cons

Es gibt Menschen, die in ihrer Kindheit und Jugend bereits in verschiedenen Ländern gelebt haben und es geniessen, auf jedem Kontinent zu Hause zu sein. Auf der anderen Seite gibt es Menschen, die die gleiche Erfahrung gemacht und sie negativ erlebt haben: Sie fühlen sich entwurzelt. Eine internationale Laufbahn einzuschlagen, kann bedeuten, dass Sie gerade dann, wenn Sie sich richtig eingelebt haben und soziale Kontakte geknüpft haben, Abschied nehmen und sich wieder auf eine neue berufliche und kulturelle Umgebung einlassen müssen. Angehörige des diplomatischen Diensts und von internationalen Organisationen wechseln in der Regel nach einigen Jahren ihren Einsatzort. Dies stellt für sie und ihre Familienangehörigen eine Herausforderung dar.

Wie Sie auf solche Situationen reagieren, können Sie nicht wissen, und sie können sich auch nicht darauf vorbereiten, da sich keine Erfahrung mit einer anderen vergleichen lässt. Manchmal freuen Sie sich auf eine neue Herausforderung, und manchmal sind Sie noch nicht bereit für einen Abschied, und es fehlt Ihnen die Lust und Kraft, sich auf eine neue Situation einzulassen. Ihre Einstellung dazu und Ihre Bedürfnisse können sich zudem im Laufe Ihres Lebens ändern.

Tatsache ist, dass internationale Unternehmen und Organisationen von ihren Mitarbeitenden und deren Angehörigen ein hohes Mass an Flexibilität, Mobilität und Belastbarkeit abverlangen. Damit ist ein wichtiges Stichwort gefallen. Gerade wenn Sie an eine langfristige internationale Laufbahn denken, stellen sich Fragen der Beziehung und der Familie. Erfahrungsgemäss reagieren Individuen ganz unterschiedlich auf ein neues kulturelles Umfeld. Die persönlichen Beziehungen und die persönliche Entwicklung aller Beteiligten können dadurch sehr spannend, aber manchmal auch sehr schwierig werden.

Gesundheitliche Risiken

Reisen kann bedeuten, dass Sie gewissen gesundheitlichen Risiken ausgesetzt sind. Informationen von Expert/innen aus der Tropenmedizin helfen Ihnen zum Beispiel dabei, gesundheitliche Risiken im Vorfeld richtig einzuschätzen. Informieren Sie sich rechtzeitig, wenn Sie wissen, dass Sie über eine längere Zeit in einem Land reisen oder leben werden, in dem Sie aufgrund klimatischer Einflüsse oder Infektionskrankheiten gesundheitlichen Risiken ausgesetzt sein könnten. Bedenken Sie auch, dass es unter Umständen nicht sinnvoll ist, den Körper über eine längere Zeit mit Medikamenten zu belasten, wenn ein geeignetes Verhalten und den lokalen Gegebenheiten angepasste Kleidung Sie wirkungsvoll schützen können.

Informieren Sie Ihren Arzt bei der Beratung auch über bestehende Allergien und über Medikamente, die Sie bereits einnehmen oder über eine längere Zeit eingenommen haben. Überprüfen Sie darüber hinaus frühzeitig Ihren Versicherungsschutz und ergänzen Sie die Deckung mit Hilfe einer Reiseversicherung oder einer Ausland-Police. Bei einer Versetzung ins Ausland wird Sie der Arbeitgeber bei diesen Fragen unterstützen. Falls Sie mit einem Partner bzw. einer Partnerin oder Ihrer Familie reisen, überprüfen Sie auch deren Versicherungsschutz.

Grenzerfahrungen unterwegs

Immer wieder geraten Menschen im Ausland in Krisen, manche erkranken ernsthaft und benötigen akut psychische Hilfe. Gefühle von Stress, Angst, Schutz- und Bindungslosigkeit können belastend auf Körper und Seele einwirken (Clausen 2008). Irritationen und Kulturschock können in gewissen Fällen zum Verlust von Selbstkontrolle und zur Abgrenzung gegenüber dem Fremden führen. Verwirrung kann sich in Panikattacken und Schweissausbrüchen manifestieren, die wir alle in Ansätzen kennen – zum Beispiel wenn wir uns in einer fremden Stadt verirren, oder Angst bekommen, einen Anschlussflug oder -zug zu verpassen, weil wir die Lautsprecherdurchsagen in der fremden Sprache nicht verstehen. Auch die Konfrontation mit Armut, der Arbeitsdruck oder prekäre Sicherheitslagen können Stressreaktionen auslösen. Ohne Zweifel kann es helfen, Stress, Angst und Überforderung für eine gewisse Zeit zu verdrängen. Wenn Sie diese Gefühle aber wahrnehmen und negative Erfahrungen verarbeiten können, gewinnen Sie Ihr Gleichgewicht zurück. Diese Fähigkeit ist sehr wertvoll und macht Sie kompetent und menschlich im Kontakt mit anderen Kulturen.

Sicherheit geht vor

Wenn Sie reisen oder im Ausland leben, können Sie unter Umständen unbeabsichtigt in politische oder militärische Konflikte geraten. Informieren Sie sich im Vorfeld und vor Ort über Regionen, die Sie nicht bzw. nicht ohne ortskundige Begleiter/innen besuchen sollten. Die diplomatischen Vertretungen der Schweiz oder anderer Länder informieren Sie vor Ort. Auf der Website des Schweizerischen Aussendepartements können Sie sich jederzeit über die generelle Einschätzung der Lage in einem Land informieren: www.eda.admin.ch.

Back to the roots – aber zu welchen?

Es kann sein, dass Sie sich selbst entscheiden, wieder in Ihr Heimatland zurückzukehren. Es kann aber auch sein, dass Ihr Projekt abgeschlossen oder Ihr Team aufgelöst wird, dass Sie intern in einer Organisation oder einem Unternehmen versetzt werden oder dass andere äussere Umstände wie politische Konflikte oder Katastrophen Sie zwingen, die Heimreise anzutreten. Genauso, wie Sie sich in den Monaten oder Jahren Ihres Auslandaufenthaltes verändert haben, hat sich auch Ihr Heimatland verändert, haben Familie und Freunde andere, ihre eigenen Erfahrungen gemacht. Es ist möglich, dass Sie nach der Rückkehr Schwierigkeiten haben, sich wieder einzufinden, weil Ihnen die «Heimat» fremd geworden ist. Freunde und Familie verstehen Ihre Situation nicht und Sie verstehen Ihre Familie und die Freunde nicht mehr.

Abschied nehmen

Geben Sie sich Zeit für eine definitive Entscheidung, wenn Sie nach einem längeren Auslandaufenthalt die Rückkehr in Ihr Heimatland planen. Verabschieden Sie sich von Freunden und Arbeitskollegen im Ausland. Machen Sie zum Beispiel ein Fest oder einen gemeinsamen Ausflug und berücksichtigen Sie die Art und Weise, wie in der betreffenden Kultur Abschied genommen wird. Nehmen Sie sich auch Zeit, materielle und virtuelle Erinnerungen zu sammeln, oder die bestehenden zu ergänzen, beispielsweise Fotos, Filme, Musikaufnahmen oder Kunsthandwerk.

Die Rückkehr will gut vorbereitet sein

Auslanderfahrungen können sehr prägend sein. Vieles, was vor der Abreise selbstverständlich war, ist nun möglicherweise in Frage gestellt. Unter Umständen kann es schwierig sein, sich wieder auf Konsumhaltung und Optionenvielfalt einzulassen. Vielleicht müssen Sie sich beruflich neu orientieren und fühlen sich zunächst ideen- und antriebslos. Die Rückkehr – so paradox das klingen mag – ist häufig der schwierigste Teil eines Auslandaufenthalts. Aus diesem Grund ist es wichtig, sie gut vorzubereiten. Neben den bereits erwähnten emotionalen und mentalen Aspekten gehört dazu, über die persönliche und berufliche Zukunft nachzudenken und eine Standortbestimmung (→ Kapitel 5) vorzunehmen.

Eigene Erfahrungen weitergeben

In der Phase der Rückkehr ist das persönliche Beziehungsnetz besonders wichtig. Nutzen Sie Ihre Kontakte zu Familie, Freunden, Arbeitskollegen und -kolleginnen, oder suchen Sie Menschen, die in der gleichen Situation sind wie Sie. Es könnte auch sein, dass Ihre Rückkehr für Ihren Partner oder Ihre Partnerin und Ihre Kinder ein Aufbruch in eine neue Welt ist. Vermeiden Sie Vergleiche zwischen Kulturen und Ländern und versuchen Sie, nicht voreilig über gewisse Verhaltensweisen in Ihrem Heimatland zu urteilen, die Ihnen möglicherweise fremd geworden sind.

Erzählen Sie nicht nur von Ihren Auslanderlebnissen, sondern hören Sie auch zu und interessieren Sie sich für das, was Ihre Freunde und Familie zu Hause erlebt haben. Dennoch wird es sicher viele Menschen geben, die sich sehr für Ihre Erfahrungen interessieren. Es kann auch für Sie sehr bereichernd sein, die eigenen Erfahrungen weiterzugeben, zum Beispiel im Rahmen eines ehrenamtlichen Engagements. Damit liesse sich der internationale rote Faden weiterspannen.

Good Practice

Nach einem längeren Arbeitsaufenthalt im Ausland bringen Sie einen reichen Erfahrungsschatz und neue Kompetenzen zurück. Es lohnt sich, Bilanz zu ziehen und sich des neuen Kompetenzprofils bewusst zu werden. Dies erleichtert es Ihnen, die Kompetenzen für die nächsten beruflichen Situationen übertragen zu können. Die Broschüre «Internationale Zusammenarbeit – Rückkehr nach einem Auslandaufenthalt» (2002) bietet Anleitung dazu und ist auf der Website www.cinfo.ch als Download kostenlos erhältlich.

Persönliche Motivation und Offenheit sind Schlüsselfaktoren für gute Auslanderfahrungen

Interview mit Mark A. Oshifeso und Claudia Hofmann

Mark A. Oshifeso und Claudia Hofmann schätzen ihre Auslanderfahrung als identitätsstiftend und als wichtigen Teil ihrer persönlichen Entwicklung. Im Gespräch schildert Mark A. Oshifeso seine Erlebnisse während eines viermonatigen Auslandpraktikums in Nigeria, das er im Rahmen seines Bachelorstudiums in Angewandter Psychologie an der Zürcher Hochschule für Angewandte Wissenschaften absolviert hat. Claudia Hofmann ist im Alter von 20 Jahren nach der Hotelfachschule in Luzern als Au-Pair nach Kanada aufgebrochen und vor drei Jahren nach einer über 20-jährigen internationalen Karriere, während der sie in sieben verschiedenen Ländern und auf vier Kontinenten gearbeitet hat, wieder in die Schweiz zurückgekehrt.

Obwohl wir in diesem Buch vor allem auf die Chancen von Auslandaufenthalten eingehen, gibt es auch Schattenseiten. Erste Unsicherheiten prägen oft schon die Vorbereitungsphase eines Auslandaufenthalts. Welche Bedeutung hatte die Planung und Vorbereitung in Ihrem Fall?

Mark A. Oshifeso: Die Vorbereitung für mein Auslandpraktikum in Nigeria spielte eine wichtige Rolle. Der Sicherheitsaspekt war für die Wahl meines Praktikumsortes mitentscheidend. Gewisse Regionen des Landes sind zurzeit für Ausländer einfach zu gefährlich. Ich konnte relativ rasch Kontakt mit der Klinik Aro in Abeokuta, 120 km nördlich von Lagos, knüpfen. Sie ist eine der ältesten Psychiatrien Nigerias. Meine Kontaktpersonen waren sehr offen und in der Kommunikation sehr verlässlich. In Nigeria ist das keine Selbstverständlichkeit, da die Informationen im Internet nicht vollständig sind oder die angegebenen Telefonnummern einfach nicht stimmen.

Zeitweise wurde die Unsicherheit, ob es mit dem Praktikum nun wirklich klappen würde, trotzdem so gross, dass ich beinahe aufgegeben hätte. Ausschlaggebend für das Aushalten dieser Unsicherheit war sicher auch die persönliche Motivation, meinen Vater, der seit 1975 wieder in Nigeria lebt, wiederzusehen und seine Familie kennenzulernen. In der Vorbereitungsphase machte ich mir oft Gedanken um meine Sicherheit. Meine Zweifel beeinflussten dann auch meine Familie und Freunde hier, und ihre Bedenken waren nicht immer einfach zu widerlegen. Zudem war ich natürlich unsicher, wie die Begegnung mit meinem Vater und seiner Familie sein würde. Als ich im Flieger sass, wusste ich nicht, ob aus dem Praktikum wirklich etwas werden würde. Trotz meiner Offenheit und meiner Lust, neue Kulturen kennenzulernen, war die Unsicherheit doch zeitweise sehr belastend.

Claudia Hofmann: Meinen ersten Auslandaufenthalt hatte ich eigentlich kaum geplant. Ich war 20 und wollte nach der Hotelfachschule mein Englisch verbessern. Es gab damals die Möglichkeit, als Au-Pair entweder nach Grossbritannien oder nach Kanada zu gehen. Kanada war attraktiver für mich, weil ich dort mehr Lohn erhielt als in Grossbritannien. Und ich wollte ja unabhängig sein. Das Vorstellungsgespräch für die Stelle verlief gut, und so flog ich nach Toronto. Eigentlich war ich damals ziemlich naiv: Ich konnte mir nicht vorstellen, wie es sein würde, und das war wohl auch gut so.

Meine internationale Karriere ergab sich Schritt für Schritt, ich bin den Angeboten gefolgt. Manchmal wäre es sicher von Vorteil gewesen, wenn ich vor einem Stellenwechsel mehr über die Kultur erfahren hätte, in der ich gearbeitet habe. Ich war aber immer offen, neugierig und bereit, Neues zu lernen, an Aktivitäten vor Ort teilzunehmen und mich auf die Kultur und die Menschen einzulassen. Das erleichterte die Integration und auch die Bewältigung von

Schwierigkeiten. Ich habe eine Ausbildung im Hotelfach abgeschlossen, weil ich reisen wollte. Das war meine grösste Motivation.

Der Aufenthalt in einer anderen Kultur birgt das Potenzial für Missverständnisse und Irritationen. Was hat Ihnen am meisten bei Schwierigkeiten im Berufsleben und auch im Alltag geholfen?

Claudia Hofmann: Als Au-pair war ich vom ersten Tag an gefordert und habe ziemlich viel gearbeitet. Mit Nebenjobs wie Putzdiensten habe ich meinen Lohn aufgebessert. Einmal wurde ich beschuldigt, in einer Wohnung absichtlich eine Überschwemmung ausgelöst zu haben. Die Eigentümer forderten 10'000 Dollar Schadenersatz von mir. Ein kanadischer Freund unterstützte mich bei den Verhandlungen, und die Eigentümer nahmen dann glücklicherweise ihre Forderung zurück. Ich hätte die 10'000 Dollar niemals aufbringen können und war sehr erleichtert.

Nach meiner Zeit als Au-pair beschloss ich, in Kanada zu bleiben und wurde nach einigen Jahren kanadische Staatsbürgerin. Dass ich die Staatsbürgerschaft erlangen konnte, lag auch an meiner Ausbildung im Hotelfach. In Kanada waren damals kompetente und gut ausgebildete Hotelfachmänner und -fachfrauen gesucht. Die Schweizer Ausbildung genoss einen guten Ruf.

Ich konnte mich beruflich entwickeln, was aber auch bedeutete, dass ich immer wieder mit neuen Herausforderungen konfrontiert war. In einem grossen Hotel arbeiten Menschen aus vielen Kulturen zusammen. Ich habe vor allem gelernt, Geduld zu haben und andere Kulturen zu respektieren. So war ich zum Beispiel am Anfang meiner Tätigkeit im mittleren Osten überrascht, dass die Angestellten sich während der Arbeit Zeit für ihre Gebete nehmen. Ich musste mich und meinen Rhythmus anpassen. Geduldig zu sein, fiel mir nicht immer leicht, denn ich bin ein dynamischer Mensch und handle gerne. Ich habe gelernt, dass der Vertrauensaufbau am Anfang für die zukünftige Zusammenarbeit ganz entscheidend ist. Manchmal dauert diese Phase lange. Ich musste die Ungewissheit, wie sich die Kontakte entwickeln würden, aushalten lernen.

Wie war das für Sie, Herr Oshifeso?

Mark A. Oshifeso: Der Anfang meines Auslandpraktikums in Nigeria war sehr herausfordernd. Ich bin zwar Halbnigerianer, aber weiss, und ich bin in Deutschland aufgewachsen, meine Mentalität ist deutsch. Ich fühlte mich in der Millionenstadt Abeokuta zuerst wie auf dem Mars. Diese Ambiguität war nicht immer einfach zu ertragen. Auch die grosse Hitze machte mir zu schaffen, und ich hatte mit einigen gesundheitlichen Problemen zu kämpfen. Was mir sehr geholfen

Mark A. Oshifeso und Claudia Hofmann

hat, war der ausserordentlich gute soziale Kontakt, die Selbstverständlichkeit, mit der sich Kontakte ergaben, und das schöne Psychiatrieareal mit einer Fläche von zwei Quadratkilometern mit Wald, Strassen, Stromgenerator und Security Guards.

In Nigeria gibt es für 150 bis 180 Millionen Menschen zehn Psychiatrien mit Kapazitäten von je maximal 500 Betten. Psychische Störungen sind in Nigeria stigmatisiert und die psychiatrische Versorgung ist besonders für die Bevölkerung auf dem Land ein schwieriges Thema. Für eine Distanz von 30 km vom Dorf in die Stadt, in der die Klinik liegt, braucht man eine Stunde, während der mindestens vier Strassensperren passiert werden müssen. Das ist beängstigend und teuer.

Die Frage der Sicherheit hat mich in den vier Monaten begleitet wie nie zuvor in meinem Leben. Im beruflichen Umfeld habe ich gelernt zu akzeptieren, dass ich für eher westlich orientierte Klient/innen ein besseres Gefühl habe als für Klient/innen aus einem sehr traditionellen Umfeld. Mir wurde bewusst, dass ich lange zuhören musste und trotz langem Zuhören die verschiedenen Aspekte oft doch nicht zu einem Gesamtbild zusammenbrachte. Dazu hätte ich wohl viel länger als vier Monate gebraucht.

Sie haben zu Beginn unseres Gesprächs erwähnt, dass die persönliche Motivation eine zentrale Rolle spielt, um mit Unsicherheit, Ambiguität und Schwierigkeiten umzugehen. Abgesehen vom beruflichen Umfeld können auch persönliche Herausforderungen auftreten. Haben Sie solche Erfahrungen gemacht?

Mark A. Oshifeso: Ein internationaler Austausch ist wie Friedensarbeit: Man lernt voneinander und entwickelt Verständnis für andere Kulturen. Der Kontakt mit meinem Vater und seiner Familie war für mich sehr schön und wichtig, und ich pflege ihn auch jetzt nach meinem Auslandpraktikum.

Ich erinnere mich, dass ich einmal ziemlich ungehalten wurde, weil ich ihn öfters sehen wollte. Ich sagte ihm meine Meinung. Das gab dann eine Verstimmung. Ich merkte sehr schnell, dass es überhaupt nicht üblich war, dass Kinder ihrem Vater gegenüber fordernde Töne anschlugen. Die Verstimmung legte sich zum Glück bald, und ich achtete stärker auf mein Kommunikationsverhalten. Es wurde mir auch bewusst, dass ich in der Familie als zweitältester Sohn der ersten Frau nach meinem Vater die wichtigste Respektsperson war.

Claudia Hofmann: Persönlich herausfordernd für mich war zum Beispiel der Moment, als mein kanadischer Mann mir sagte, dass er in der Schweiz leben wollte. Ich war eigentlich noch nicht bereit für die Rückkehr, bekam aber eine Stelle als Dozentin an der Hotelfachschule in Neuchâtel, und es gefiel mir sehr gut. Leider gefiel es meinem Mann dann in der Schweiz nicht. Nach einem Jahr ging er zurück nach Kanada und ich folgte ihm. Nach einer gemeinsamen Zeit in Vancouver trennten wir uns nach zehn Jahren Beziehung. Die schmerzhafte Trennung zeigte mir, dass ich weiterziehen musste. Ich wollte und konnte nicht in Kanada bleiben. Die Möglichkeit, neue Erfahrungen zu machen und wieder in einer anderen Kultur zu leben, half mir sehr. So nahm ich ein Stellenangebot in Bermuda an. Für eine Rückkehr in die Schweiz war ich damals ganz klar noch nicht bereit.

Sie haben die Rückkehr in die Schweiz angesprochen, Frau Hofmann. Wie wussten Sie vor vier Jahren, dass der Moment gekommen war, zurückzukehren?

Claudia Hofmann: Ich war ja zweimal während meiner internationalen Laufbahn für eine gewisse Zeit in der Schweiz, einmal mit meinem kanadischen Mann und dann noch ein weiteres Mal für ein Jahr, um eine Masterausbildung zu absolvieren. Ich sagte damals meiner Mutter und all meinen Schweizer Freundinnen und Freunden, dass ich nur ein Jahr in der Schweiz leben würde. Und so war es auch.

Vor vier Jahren habe ich gespürt, dass der Moment zur längeren Rückkehr gekommen war. Aus diesem Grund habe ich mich auch auf die Schweiz gefreut und konnte mich gut integrieren. Wäre ich früher zurückgekommen, hätte ich wahrscheinlich Schwierigkeiten gehabt, mich wieder auf das Leben in der Schweiz einzulassen, und wäre unzufrieden gewesen.

Meine Zeit im Ausland hat mich geprägt, ich konnte mich beruflich und persönlich entwickeln und meine Identität finden. Meine Rückkehr erleichtert hat natürlich ohne Zweifel die Tatsache, dass ich in meinem neuen Job in der Schweiz immer noch sehr viel reise und jeden Tag internationale Kontakte habe.

Herr Oshifeso, wie war es für Sie, nach vier Monaten in Nigeria wieder in die Schweiz zu reisen? Können Sie sich vorstellen, wieder einmal im Ausland zu arbeiten?

Mark A. Oshifeso: Es war von Anfang an klar, dass ich nach dem Praktikum wieder in die Schweiz zurückkommen würde, um mein Studium abzuschliessen. Nach meiner Rückkehr empfand ich es als fast unglaublich, dass ich mich zum Beispiel in der Stadt Zürich so frei bewegen kann. Seit meinem Praktikum war ich bereits wieder einmal in Nigeria, um meinen Vater und seine Familie zu besuchen. Ich kann mir auch gut vorstellen, später wieder für einige Zeit im Ausland zu arbeiten. Für einige Monate in eine neue Kultur einzutauchen, dort zu leben und zu arbeiten, ist wirklich sehr bereichernd. Im Moment überlege ich mir gerade, ob ich während meiner Masterausbildung an der Universität Zürich nochmals ein Auslandpraktikum machen soll.

7. Ausblick

Im Nachhinein reiben wir uns verwundert die Augen. Warum erwarteten viele Beobachtende des Zeitgeschehens am Ende des Kalten Kriegs 1989 und der anschliessenden Globalisierungsdynamik eine Ära des weltweiten Friedens und der wirtschaftlichen Prosperität? Lag es wirklich nahe, dass die bipolare von einer unipolaren Weltordnung mit geopolitischer Stabilität abgelöst werden würde? Im Nachhinein sind wir schlauer. Wir wissen heute, dass die mit der zunehmenden globalen Vernetzung einhergehenden politischen, wirtschaftlichen und sozialen Risiken unterschätzt worden sind.

Unsicherheit als Charakteristikum

Unsicherheit ist zum Charakteristikum der Gegenwart geworden. Die globalen Veränderungen wirken sich auch auf die Identität von uns Menschen aus und fördern stellenweise eine Verunsicherung, die auch in vielen alltäglichen interkulturellen Begegnungen greifbar wird. Dies wirft weite Schatten auf unsere Zukunft. Sicher ist, dass wir zur Bewältigung unserer Zukunft auch internationale Kompetenz benötigen. Die Internationalisierung der Arbeitswelten und der zwischenmenschlichen Beziehungen werden uns auf absehbare Zeit weiter begleiten.

Reflexion ist Persönlichkeitsbildung

Was hat das aber mit unserem Buch zu tun? Wir haben uns bemüht, Sie dafür zu sensibilisieren, was internationale Kompetenz ist und wie sie während des Studiums erworben und für Berufslaufbahnen im In- und Ausland genutzt werden kann. Der Hintergrund dafür ist, dass Arbeitgebende heute immer höhere Anforderungen an Berufseinsteigende stellen. An erster Stelle steht Persönlichkeit, gefolgt von guten Noten, Praktika und Auslanderfahrung (Manager Magazin 2011). Der Auslanderfahrung kommt eine prominente Rolle zu. Der von uns vertretene Ansatz geht aber noch einen Schritt weiter. Wir haben gezeigt, dass die Auseinandersetzung mit den eigenen Werten und Verhaltensmustern und ihrer Wirkung auf andere eine unabdingbare Voraussetzung dafür ist, um aus einer Auslanderfahrung tatsächlich auch in internationale Kompetenz zu überführen. Diese Reflexionsarbeit ist eine Möglichkeit, unsere Persönlichkeit weiterzuentwickeln.

Sinn von internationaler Kompetenz

Der Sinn dieser Reflexionsarbeit liegt nicht alleine in einer Erhöhung unserer Chancen auf attraktive Arbeitsplätze. Er liegt auch darin, dass wir uns in die Lage versetzen, in den internationalen Situationen, die der Alltag unausweichlich mit sich bringt, erfolgreich zu handeln. Wenn es gelingt, uns als gefestigte Persönlichkeiten mit einem soliden Handlungsinstrumentarium auf die Unsicherheit unserer Gesellschaften einzulassen, tragen wir dazu bei, die Welt für uns selbst und für andere ein wenig sicherer zu machen.

8. Anhang

Literaturangaben

Arvanitis, Spyros et al.:	Die Internationalisierung des Dienstleistungssektors und der Industrie der Schweizer Wirtschaft. Eine Analyse anhand der Internationalisierungsumfrage der KOF vom Frühjahr 2010. KOF Konjunkturforschungsstelle, ETH Zürich 2011.
BFS:	Von der Hochschule ins Berufsleben. Erste Ergebnisse der Hochschulabsolventenbefragung 2009. Bundesamt für Statistik 2010.
Clausen, Jens:	Das Selbst und die Fremde – Über psychische Grenzerfahrungen auf Reisen. Psychiatrie Verlag 2008.
Dacorogna-Merki, Trudy:	Stellensuche mit Erfolg: So bewerben Sie sich richtig. Beobachter Verlag 2008.
Gisler, Peter:	Laufbahngestaltung, Stellensuche, be-Werbung. Praktische Tipps für die Stellensuche. SDBB 2008.
Goldsmith, Marshall:	Was Sie hierher gebracht hat, wird Sie nicht weiterbringen: Wie Erfolgreiche noch erfolgreicher werden. Goldmann Verlag 2009.
Goleman, Daniel:	EQ. Emotionale Intelligenz. DTV 1997.
Güney, Urs:	Eingezogen ist noch nicht eingerichtet. In: NZZ campus September 2011. S. 38-40.
Janowski, Cordula:	Erfolgreich bewerben bei internationalen Organisationen. Campus Verlag 2008.
Kornfield, Jack / Goldstein, Joseph:	Einsicht durch Meditation: Die Achtsamkeit des Herzens. Arbor Verlag 2005.
Manager Magazin 10 / 2011:	Karriere 2011.
Pocklington, Jackie / Schulz, Patrik / Zettl, Erich:	Bewerben auf Englisch. Leitfaden mit Tipps und Mustern für den erfolgreichen Eintritt in den internationalen Arbeitsmarkt. Cornelsen Verlag 2007.
Pöppel, Ernst:	Zum Entscheiden geboren: Hirnforschung für Manager. Carl Hanser Verlag 2008.
Roth, Gerhard:	Bildung braucht Persönlichkeit: Wie Lernen gelingt. Klett-Cotta Verlag 2011.
Salvisberg, Alexander:	Soft Skills auf dem Arbeitsmarkt: Bedeutung und Wandel. Seismo Verlag 2010.
Schürmann, Klaus / Mullins, Suzanne:	Weltweit bewerben auf Englisch. Eichborn Verlag 2007.
Storti, Craig:	Figuring Foreigners Out: A Practical Guide. Intercultural Practice Inc. 1998.
Walicht, Frank:	Networking. Kontakte nutzen, Beziehungen pflegen. Cornelsen Verlag 2008.
Wrede-Grischkat, Rosemarie:	Manieren und Karriere: Internationale Verhaltensregeln für Führungskräfte. Gabler Verlag 2006.

Kurzbiografien der Autoren und Autorinnen

Frank Wittmann sammelte Berufserfahrung im Buchhandel, Verlagswesen und Journalismus, bevor er zuerst in Bern studierte und später in Fribourg promovierte. Von 2002 bis 2003 führte er ein Forschungsprojekt zu Massenmedien in Senegal durch. Nach Abschluss seiner Promotion engagierte er sich von 2005 bis 2007 in der UNO-Friedensmission in Haiti, wo er für die Kommunikation der United Nations Volunteers verantwortlich zeichnete. Auch nach seiner Rückkehr in die Schweiz ist er den internationalen Beziehungen verbunden geblieben. Seit 2007 setzt er sich als Leiter der Stabsstelle Internationales für die weltweite Vernetzung der Zürcher Hochschule für Angewandte Wissenschaften (ZHAW) ein. Eine Mitarbeit im Redaktionskomitee des Handbuchs «Internationalisation of European Higher Education», gelegentliche Lehraufträge für Universitäten sowie Mandate im Bereich Personalrekrutierung und Organisationskultur runden sein Tätigkeitsprofil ab.

Marianne Bauer ist Historikerin und Literaturwissenschaftlerin und hat in Zürich und Florenz studiert. Ihr Studium verdiente sie sich unter anderem mit einem Studentenjob auf einer japanischen Handelsbank und als Italienischlehrerin. Schon immer an Fremdsprachen und an der Arbeit in und mit anderen Kulturen interessiert, war sie nach ihrem Studienabschluss in der Wirtschaft und in der öffentlichen Verwaltung für verschiedene internationale Projekte und Aufgaben verantwortlich und bildete sich in Führung und Organisationsentwicklung weiter. In internationalen Firmen arbeitete sie mit Menschen aus verschiedenen Kontinenten zusammen. Als Programmbeauftragte der öffentlichen Stiftung Pro Helvetia leitete und organisierte sie internationale Rekrutierungsverfahren und baute gemeinsam mit dem lokalen Team ein Verbindungsbüro in Indien auf. Während der letzten Jahre unterstützte sie als Leiterin Internationale Beziehungen das Departement Gesundheit der Zürcher Hochschule für Angewandte Wissenschaften (ZHAW) beim Aufbau von internationalen Kontakten und engagierte sich in der Vermittlung von internationalen Kompetenzen für die in der Schweiz neu akademisierten Gesundheitsberufe.

Katharina Kloser erwarb erste Auslanderfahrung durch ein freiwilliges soziales Jahr, das sie bei der Organisation Community Service Volunteers in England verbrachte. Nach ihrer Rückkehr aus Grossbritannien studierte sie Kultur- und Sozialanthropologie an der Universität Wien. 2005 führte sie das Thema ihrer Diplomarbeit an die Universität URACCAN in Nicaragua, wo sie zu ihrem primären Interessensgebiet Local Knowledge in der Entwicklungszusammenarbeit forschen konnte. Nach einer dreijährigen Tätigkeit als wissenschaftliche und administrative Assistentin in den Bereichen sozialwissenschaftliche Forschung und Organisationsentwicklung bei Dr. Gerhild Trübswasser ist sie seit 2011 im International Office der FH Campus Wien tätig. Als internationale Koordinatorin ist sie zuständig für die Etablierung von Internationalisierung als Querschnittsthema an der Hochschule. Sie unterstützt die Studiengänge dabei, Internationalisierungsprojekte zu initiieren und damit verbundene Aktivitäten zu verwirklichen.